I0469992

Effektive Kommunikation

5 Grundlegende Tipps und Übungen zur Verbesserung der Kommunikation in der gespaltenen Welt, auch wenn es um Politik, Rasse oder Geschlecht geht!

Max J. Harrison

Inhaltsverzeichnis

Einleitung:

Hallo!

Wie geht es dir so? Erschöpft?

Das ist verständlich. Wenn es dir nicht gelingt, deinen Standpunkt in der Kommunikation effektiv durchzusetzen, insbesondere in den Beziehungen, mit denen wir täglich zu tun haben, wie Familie, Freunde oder sogar Mitarbeiter, kann es dazu kommen, dass du dich ausgelaugt fühlst.

Wenn man sich zwanzig Millionen Mal erklären muss, wer wäre dann nicht genervt? Hörst du diese kleine Stimme in deinem Kopf, diejenige, die immer wieder mit allem einverstanden ist, was du gerade liest - sie ist ein ziemlicher Gegenspieler oder?

Es fühlt sich sehr danach an, als wärst du sauer auf die Menschen um dich herum, nicht wahr? Es ist, als ob dein Missverständnis und dein Versagen, dich anzupassen, eine Reflexion darüber darstellt, wer du als Menschen bist.

Nun, wie dem auch sei, hast du dich jemals gefragt, ob es etwas gibt, das du in Bezug auf die Art und Weise, wie du kommunizierst, verbessern könnten?

Denk darüber nach - hattest du schonmal Probleme mit der Kommunikation? Hast du dich jemals so gefühlt, als ob das, was du sagst und was du meinst, nicht wirklich das Gleiche wäre, und ist das nicht gut angekommen?

Ja?

Hast du dich jemals gefragt, warum?

Der Mangel an dynamischer Kommunikation am Arbeitsplatz und zu Hause schadet sowohl der Karriere als auch dem gesunden Familienleben sehr. Dies liegt daran, dass das Gefühl, frustriert oder ungehört zu sein, wenn man mit Menschen zu tun hat, mit denen man sich täglich auseinandersetzt, im Grunde genommen der Aufbau eines Lehrbuchs bis hin zu einem mentalen Zusammenbruch ist. Als Menschen müssen wir wissen, dass das, was wir tun, wichtig ist, und wir müssen uns geachtet und wertgeschätzt fühlen. Und das können wir nur erreichen, wenn wir an unseren Kommunikationsfähigkeiten arbeiten, damit wir besser in der Lage sind, einander zu verstehen und miteinander umzugehen.

Also, wie soll man das alles machen? Hier findest du mit Effektive Kommunikation - 5 Grundlegende Tipps und Übungen zur Verbesserung der Kommunikation in der geteilten Welt, auch wenn es um Politik, Rasse oder Geschlecht geht - wir haben alles für dich, was du brauchst!

Da die moderne Kommunikation immer schwieriger wird und so viele spaltende Themen wie Rasse und Religionsfreiheit in den Vordergrund gerückt werden, ist es verständlich, dass Menschen mit unterschiedlichen Ansichten Schwierigkeiten haben werden, eine gemeinsame Basis zu finden, von der aus sie mit Respekt anderer Meinung sein können. Aber das ist nicht unmöglich!

Und wir sind hier, um dir zu zeigen, wie man das genau macht!

Bereit?

Es ist okay; du musst es nicht sein - für den Moment, hör einfach zu.

Wenn du kommunizierst, oder wenn du mit ihm kommuniziert wirst, gibt es fünf Schlüsselkonzepte, die bestimmen, wie effektiv diese Kommunikation sein wird. Sie werden oft als die fünf Kernkonzepte der Kommunikation bezeichnet und sind Zuhören, Lieferung, Empathie, Ehrlichkeit und Gewinnen. Jedes einzelne dieser Themen hat die einzigartige Fähigkeit, bei richtiger Anwendung dazu beizutragen, Gedanken und Einstellungen zu ändern.

Du weißt, was das bedeutet, oder?

Es bedeutet, dass es keine Streitigkeiten mehr am Esstisch gibt oder dass du dich über das, was dein Chef gesagt hat, ärgerst. Sobald du dieses Buch durchgearbeitet und jede dieser fünf Techniken aktiv angewendet hast, wirst du bereit sein, dich der Welt zu stellen - buchstäblich!

Also, was meinst du?

Bist du jetzt bereit?

Super! Scroll weiter; wir unterstützen dich!

Kapitel Eins:

Lernen zuzuhören

"Das grundlegendste aller menschlichen Bedürfnisse ist das Bedürfnis zu verstehen und das Bedürfnis, verstanden zu werden. Der beste Weg, Menschen zu verstehen, ist, ihnen zuzuhören." – Ralph Nichols

Wenn wir also an Kommunikation denken, neigen wir, wie die meisten anderen Menschen, dazu, nach Wegen zu suchen, wie wir Wissen vermitteln können, anstatt es aufzunehmen. Denke darüber nach. Wenn du an Kommunikation denkst, denkst du eigentlich nur an das Sprechen. Tatsächlich ist es so, dass selbst wenn man an die Zuhörer denkt, denkt man an sie im Kontext der Sprecher, als ob sie nur dazu da wären, das Sprechen zu unterstützen.

Aber das macht keinen Sinn, oder? Wenn Zuhörer nur dann einen Wert haben, wenn es einen Lautsprecher gibt, ist es dann nicht dasselbe für einen Lautsprecher? Sind sie nicht auch von selbst wertlos?

Und doch werden große Redner und Redner gelobt und

belohnt, während die Zuhörer als überflüssig für das gesamte Erlebnis angesehen werden.

Denn in der modernen Geschichte, vor allem in der westlichen Geschichte, lag der Schwerpunkt immer auf dem Individuum, das die Menge beherrscht. Deshalb glauben wir bei der Kommunikation, dass der einzige Weg zur Verbindung das Sprechen ist, aber dabei übersehen wir ein wichtiges Element - unser Publikum.

Mit wem reden wir?

Was machen sie?

Was sollten sie tun?

Richtig?

Falsch.

Stoppen wir da und spulen wir einen Moment zurück. Hast du bemerkt, dass du dich, während du durch diesen ganzen Abschnitt gelesen hast, sofort mental als Sprecher positioniert hast und an X, Y oder Z als Hörer gedacht hast? Warum glaubst du ist das so?

Nun, offen gesagt, liegt es an der Macht - das Konzept, die Person zu sein, die die Kontrolle über eine Menge hat, anstatt einer der Menschen zu sein, die kontrolliert werden, gibt einem das Gefühl, dass man autoritärer und besser ist als sein Zuhörer. Dies bringt uns zum nächsten Punkt - Respekt. Da die Zuhörer als "schwächer" eingestuft werden, ordnest du sie auch mental so ein, dass sie deinem Respekt weniger würdig sind. Dies wiederum verstellt das Kommunikationsgleichgewicht völlig und macht deine Kommunikation sehr einseitig.

Lass uns damit anfangen das zu beheben.

Bevor du dich darauf konzentrierst, was eine andere Person tun sollte, oder was sie deiner Meinung nach tun muss, warum konzentrierst du dich nicht zuerst auf den Aufbau deiner eigenen Kommunikationsfähigkeiten? Bevor du losgehst und versuchst, anderen Menschen beizubringen, wie man auf dich hört, warum lernst du nicht, wie man auf andere hört?

Glaubst du, dass du bereit für die große Herausforderung bist?

Toll!

Was wir jetzt lernen werden, heißt Aktives Zuhören. Aktives Zuhören ist eine Technik, die dich auf den Sprecher einstellt, so dass du dich nicht nur auf die Worte des Sprechers, sondern auch auf seine Körpersprache konzentrierst. Dies ist entscheidend, da die nonverbale Kommunikation eine entscheidende Rolle bei der Überprüfung der Authentizität der Informationen spielen kann, die du erhältst.

Das Ziel des aktiven Zuhörens ist es, sicherzustellen, dass du, während du angesprochen wirst, wirklich versuchst, die Informationen aufzunehmen, die zur Verfügung gestellt werden. Betrachte es so - wenn deine Mutter dich bittet, ihr ein Blatt Papier zu besorgen, damit sie etwas notieren kann, während sie am Telefon ist, und du mit nur einem Blatt Papier zurückkommst, hast du wirklich zugehört?

Was, wenn Ich - nein gesagt hätte?

Das Kernproblem in ihrer Erklärung war, dass sie das Blatt Papier wollte, damit sie es aufschreiben konnte. Fragst du dich jetzt, ob ein leeres Blatt Papier ohne Stift oder Bleistift nützlich sein wird?

Du siehst, Zuhören ist mehr als nur Worte, die sich in deinem Kopf registrieren, es geht darum, die Absicht und den Zweck zu verstehen, die durch diese Worte vermittelt werden, so dass du helfen kannst, eine Lösung auf der Grundlage dieser Hinweise zu finden. Es gibt viele Techniken, mit denen du deine Hörfähigkeiten verbessern kannst. Da du gerade erst anfängst, warum beginnen wir nicht mit neun notwendigen Schritten, die helfen können?

Also, bist du bereit, ein Meister-Zuhörer zu werden?

Super!

Jetzt geht's los!

Technik 1: Unterstützung anbieten

Hast du dich jemals gefragt, warum du dich wohl fühlst, Dinge zu einigen Leuten zu sagen und unbequem, Dinge zu anderen zu sagen? Warum glaubst du ist das so? Nun, es liegt daran, dass einige Leute dir gegenüber entweder offen oder unterschwellig angedeutet haben, dass du bei ihnen sicher bist, dass du dich ihnen anvertrauen kannst und dass du ernst genommen wirst. Nun, wenn du dich beim Sprechen so fühlst, und wenn jemand, der nur zuhört, dir das Gefühl gibt, dass du dich wohl oder unbequem fühlst, denkst du nicht, dass du die Fähigkeit hast, dasselbe zu tun, wenn du der Zuhörer bist?

Also wie kannst du das tun?

Szenario Eins:

Nehmen wir an, du bist Professor, und du hast eine Prüfung in etwa zehn bis fünfzehn Minuten zu absolvieren. Zu diesem Zeitpunkt ist dein Kollege, der eine schwere Zeit mit dem Management hatte, zu dir gekommen, um über das Thema zu sprechen, weil er glaubt, dass du ihm helfen kannst.

Du willst ihnen helfen, und du willst sie ausreden, aber du schaust alle zwei Minuten auf die Fluruhr und näherst dich langsam dem Klassenzimmer, während du abgelenkt zu ihrer Tirade nickst.

Was denkst du, wie sich dein Kollege fühlt?

Glaubst du, sie fühlen sich gehört?

Die Chancen stehen gut, dass sie es nicht tun, und das ist verständlich. Du würdest genauso denken.

Nun, lass uns zurückgehen und beurteilen, was schief gelaufen ist. Als dein Kollege zu dir kam, um mit dir zu sprechen, wusstest du zwei Dinge. (a) dass du eine Klasse in zehn Minuten hast, und (b) dass sie mit dir über ein Thema sprechen wollten, das mehr als zehn Minuten dauern würde. Das Problem war, dass diese beiden Themen unvereinbar sind, was bedeutet, dass man sich mit dem Nicht-Sagen in eine unmögliche Lage bringt. Du wirst nicht nur nicht rechtzeitig zum Unterricht kommen, sondern auch nicht in der Lage sein, deinem Kollegen das Gefühl zu geben, dass du seine Zeit geschätzt oder sein Anliegen geteilt hast. Kurz gesagt, sie werden sich abgeschnitten und freitragend angefühlt haben.

Was du gerade getan hast, war "passives" Zuhören. Deine Rolle als Zuhörer war träge und reagierte nicht auf die Umstände. Wie würde also in diesem Fall "aktives" Hören aussehen?

Nun, um mit dem aktiven Zuhören zu beginnen.

Als dein Kollege also als aktiver Zuhörer kam, um das Problem zu besprechen, hättest du bemerkt, dass du nicht genug Zeit hattest, das Gespräch jetzt zu beenden.

Wenn du also deinem Kollegen gesagt hättest, dass du in zehn Minuten einen Kurs hast, und da dies ein wichtiges Thema war, das länger dauern würde als die zehn Minuten, die du jetzt zur Verfügung hast, hättest, hättest du zum Ausdruck gebracht, dass du ihnen zwar helfen willst, aber in diesem Moment nicht helfen kannst.

Dann, um sicher zu gehen, hast du genug Zeit, wenn du

frei hast und dann würdest du dich wirklich auf die Sache konzentrieren. Nicht nur würdest du ihnen sagen, dass sie wichtig sind, verbal, sondern du würdest eine Aktion verwenden, um diesem Verhalten nachzugehen.

Jetzt kannst du pünktlich zum Unterricht kommen, und dein Kollege denkt nicht, dass du ein Trottel bist! Eine Win-Win-Situation!

Technik 2: Öffnungen schaffen

Also, hast du dich jemals klaustrophobisch gefühlt?

Weißt du, wenn man das Gefühl hat, dass sich alles auf einen zubewegt? Wenn es einfach zu viel Druck auf dich ausgeübt hat und du aufstehen und wegkommen musstest? Nun, das ist eine weitere häufige Nebenwirkung einer schlechten Kommunikation.

Siehst du, Kommunikation muss befreiend sein. Wenn du als Zuhörer deinem Sprecher nicht das Gefühl gibst, sicher und geborgen zu sein, wird es deinem Sprecher schwerer fallen, zu erklären, was das Problem ist, und er wird eher geneigt sein, zu lügen oder eine Handlung zu machen.

Mit einer guten Kommunikation kannst du deinem Sprecher das Gefühl geben, dass es einen großen Liegeplatz zwischen euch beiden gibt, nicht einen, der dich von ihnen fernhält, sondern einen, der ihnen Raum zum Atmen gibt, und nicht das Gefühl, dass sie von der spanischen Inquisition verhört werden.

Im Grunde genommen musst du sie ermutigen, zu sprechen, aber du musst ihnen auch ermöglichen, eine Wahl zu treffen. Also, gib ihnen eine Öffnung, aber pack sie nicht am Schopf.

Lass uns den Dingen einen kleinen Kontext geben, oder?

Szenario Zwei:

Dein Freund, Clark, hatte einen harten Tag. Er war früher ein Überflieger mit einem tollen Job, aber nachdem diese neue Firma namens Stark Enterprises eingezogen war, verlor er seinen Job. Er ist seit Monaten arbeitslos, und heute Abend, als er von der Arbeit nach Hause kommt, merkt man, dass das Haus ein Chaos ist und er hat rote Augen.

Welcher der folgenden Punkte sollte Ihre Antwort sein?

Antwort 1: Clark, was ist los? Bist du wegen des Jobs verärgert?

Antwort 2: Hey Babe, es war ein harter Tag, nicht wahr? Scheiße passiert, du bekommst bessere Chancen.

Antwort 3: Hey Babe, das Haus ist komplett unordentlich. Warum ziehen wir uns nicht an und gehen draußen essen, und wir können uns später damit befassen?

Antwort 4: Hey du, geht es dir gut?

In Antwort eins stellst du deinen Freund im Grunde genommen in die Enge. Clark fühlt sich jetzt sehr an, als hättest du ihn auf den Punkt gebracht und geht automatisch in einen defensiven Modus, in dem er sich wie ein Underperformer fühlt, weil du seinen verlorenen Job erwähnt hast. Er muss etwas anderes vorgeben, weil du bereits vermutet hast, dass das Verhalten auf seinen Verlust eines Arbeitsplatzes zurückzuführen sein könnte.

Damit wirst du nichts erreichen, und in Fällen wie Antwort zwei, in denen du durch seine Antwort blätterst, hilfst du auch nicht wirklich. Also, was sollst du tun?

Antwort drei ignorierte die gesamte Prämisse und versucht, das Thema auf etwas leichteres wie Abendessen Pläne zu ändern. Das Problem mit dem zwar, ist jetzt Clark glaubt, wie seine Mühen nicht wichtig genug sind, ein Gespräch zu verdienen, und Sie können nicht gestört werden, um über es zu sprechen, das ist, warum du geistlich und physikalisch die Ausgabe vermeidest.

Die ideale Antwort ist Antwort vier, wo du ein gutes Interesse gezeigt hast und angegeben hast, dass du offen für ein Gespräch bist, falls Clark eines wünscht. Aber du warst nicht spezifisch genug, um mitzuteilen, dass du weißt, dass etwas nicht stimmt, und Clark die Kontrolle zu geben, um es dir jetzt entweder zu sagen oder das Problem zu vermeiden.

Ziemlich cool, was?

Technik 3: Spieglein, Spieglein

Eine weitere Technik, die du beherrschen möchtest, ist die Spiegeltechnik oder wie sie allgemein bekannt ist, die Reflektionstechnik. Wenn es um einen verzweifelten Sprecher geht, ist es wichtig, das zu verstärken, was der Sprecher sagt. Weil du der Zuhörer bist und du dem Sprecher erlauben möchtest, das Gespräch zu leiten, ist der beste Weg zur Verstärkung, zu reflektieren, anstatt Meinungen hinzuzufügen.

Wenn du es zum Beispiel mit jemandem zu tun hast, der vielleicht sagt: "Ich bin verärgert", solltest du keine starke Verstärkung verwenden, indem du sagst: "Ja, du bist sehr verärgert". Das wäre sinnlos. Wenn du jedoch stattdessen die Aussage der Person reflektiert hast, indem du sie entweder neu formuliert oder in eine leichte Frage verwandelt hast, wie z.B. "Oh je, du bist es" oder "Du bist verärgert"? Was du tust, ist, den Sprecher aufzufordern, weiterzumachen. Indem du dich auf den Schlüsselbegriff einstellst und ihn als Spiegel reflektierst, schickst du den Ball zurück in ihr Feld, und sie können erklären, was los ist und warum, ohne dass du versuchst zu erraten.

Reflexion ist eine entscheidende Technik im Umgang mit Individuen des anderen Geschlechts - erinnere dich daran, dass Frauen von der Venus und Männer vom Mars stammen. Weißt du, warum die Leute das sagen? Weil verschiedene Geschlechter oft unterschiedlich auf die Dinge reagieren. Die Reflexionsmethode ermöglicht es dir, sicherzustellen, dass der Sprecher derjenige ist, der die Geschichte erzählt, so dass es keinen Raum für Annahmen gibt, was sie zu einem großartigen Werkzeug zur geschlechtsspezifischen Kontextualisierung macht.

Szenario Drei:

Nehmen wir an, dass du, Mark, es mit deiner weiblichen besten Freundin Casey inmitten eines Zusammenbruchs zu tun hast. Du und Casey habt fünf gemeinsame Freunde und Hazel ist einer von ihnen.

Casey: Ich bin gerade so sauer. Der Ausflug war ein Desaster

Mark: Du bist aufgebracht?

Casey: Ja! Ich hab den Urlaub seit einer Ewigkeit geplant und Hazel hat es total ruiniert.

Mark: Du dachtest es würde ein schöner Ausflug werden.

Casey: Das stimmt. Ich habe da eine Menge Arbeit reingesteckt und es dre Monate lang geplant. Ich habe mich wirklich darauf gefreut!

Nun, wenn du anfängst, Casey zuzuhören, denkst du zuerst, dass es bei dieser ganzen Tirade um Hazel geht, die angeblich die Reise ruiniert hat. Dein Instinkt wäre, dich auf Hazel zu konzentrieren und dich zu fragen, was Hazel getan hat, richtig?

Aber hier ist das Problem. Hazel war nicht der wichtigste Teil des Gesprächs. Was sie wirklich tut, ist auszudrücken, wie verärgert sie ist, und genau deshalb, wenn du dich darauf konzentrierst, indem du ihre Emotionen auf sie zurücksprichst, indem du dich auf das konzentrierst, was sie fühlte, und nicht auf das, worüber sie sich auslie

ß, erlaubst du ihr, sich zu konzentrieren.

Denke daran, dass der Punkt der Reflexion ist, dass du dem Sprecher helfen sollst, sich auf das zu konzentrieren, was er sagen will, und auf dem richtigen Weg zu bleiben, indem du zunächst Fragen zum weichen Oberflächenniveau stellst. Dann, wenn das Gespräch vertieft wird, fokussiere dich auf die Umstände, so dass du zeigst, dass du das Hauptproblem verstehst, das sie zu erklären versuchen.

Siehst du! Frauen sind doch nicht so verschieden!

Technik 4: Zwischen den Zeilen lesen

Eine weitere Technik, die besonders im Umgang mit Kindern und Kunden (wenn du im Vertrieb arbeitest oder täglich mit Kunden oder Klienten zu tun hast) sehr gut funktioniert, ist das Lesen zwischen den Zeilen. Dies ist eine großartige Technik, die man mit Reflexion kombinieren kann, da sie hilft, den Fluss des Gesprächs auszugleichen, was besonders wichtig ist, wenn man es mit Kindern zu tun hat.

Der Schlüssel zu dieser Technik ist deine Stimme. Da es hier ein wenig Rätselraten gibt und du neben dem Nachdenken auch versuchen wirst, zu erraten, was vor sich geht, ist es wichtig, dass deine Stimme sehr weich und formbar ist, als ob du einen möglichen Gedanken vorschlägst, anstatt eine harte Entscheidung zu treffen.

Beginnen wir mit einem Beispiel.

Szenario Vier:

Dein Kind, Kevin, kommt sichtlich verärgert von der Schule nach Hause und ist nicht bereit, darüber zu sprechen. Du vermutetest, dass Kevin das Opfer von Mobbing sein könnte, und du willst eine Diskussion über das Thema beginnen.

Elternteil: Kevin, hey Kumpel, willst du mir sagen, was los ist?

Kevin: Nichts ist los. Es geht mir gut.

Elternteil: Du siehst aus, als wärst du etwas verwirrt. Hattest du einen schlechten Tag in der Schule?

Kevin: Warum interessiert es dich? Es ist ja nicht so, dass du überhaupt weißt, was in meinem Leben vor sich geht!

Elternteil: Ich kümmere mich um Kevin, und ich würde gerne wissen, was los ist, weil ich besorgt bin. Hat dir jemand etwas gesagt oder getan?

Kevin: Das musst du nicht. Niemand hat etwas Neues gesagt.

Elternteil: Haben die Leute schon eine Weile Dinge gesagt? Was haben sie gesagt?

Kevin: Dass ich dumm bin. Ich habe alle meine AP-Kurse nicht bestanden.

Elternteil: Wow, das ist eine wirklich harte Sache zu

sagen. Wer hat das zu dir gesagt?

Kevin: Donny Sanderson und Mickey Ports.

Elternteil: Wann hat das angefangen?

.... (Gespräch geht weiter)

Der Schlüssel zum Lesen zwischen den Zeilen ist, auf dem richtigen Weg zu bleiben, egal was passiert. Du wirst feststellen, dass Kevin während des gesamten Gesprächs versucht, seine Eltern mehrmals abzulenken. Zuerst versuchte er Verleugnung, die nicht funktionierte, weil der Elternteil einer bestimmten Frage nachging und Kevin zwang, das Problem anzugehen. Da er dazu nicht bereit ist, versucht er dann, sie zu verärgern, damit sie sich vor Wut zurückziehen. Aber der Elternteil weigert sich, weiter geführt zu werden, und nimmt sich eine kurze Minute Zeit, um zu bekräftigen, dass sie sich tatsächlich sehr um ihn kümmern. Du kommst zu dem, was du für den Kern der Sache hältst.

An diesem Punkt beginnt sich Kevin zu öffnen. Er hinterlässt eine offene Aussage, der die Eltern folgen, indem sie fragen, was passiert ist und wie lange es schon passiert ist. An diesem Punkt versucht Kevin noch einmal, den Elternteil abzulenken, indem er ihm die Ursache sagt, und dann noch eine weitere Sache, von der er glaubt, dass der Elternteil darauf reagieren wird - er versagt in allen seinen AP-Klassen. Der Elternteil muss darauf achten, das Wesentliche in diesem Moment zu verfolgen, damit das Gespräch weitergeht, und du wirst feststellen, dass es genau das ist, was passiert, und voila, jetzt fühlt sich Kevin endlich sicher genug, um sich zu öffnen und zu reden.

Technik 5: Klärung

Also, hast du dich jemals so gefühlt, als würdest du über Kreuz reden oder was jemand sagt, und was du verstehst, sind zwei verschiedene Dinge? Ja? Nun, hier ist die schnelle Lösung dafür. Was du hier zu tun hast, ist ein Mangel an klarer Kommunikation und der beste Weg, dieses Problem als verantwortungsbewusster Zuhörer zu lösen, ist die Klärung.

Nun, wir verstehen, dass es schwierig erscheinen mag, jemanden in der Mittelklasse zu stoppen, aber es ist ein Schlüsselelement, um sicherzustellen, dass Sie genau wissen, was vor sich geht. Außerdem zwingst du, wenn du klärst, auch den Redner, zuzugeben, was er sagt, und oft können sie ihre eigene Absurdität hören! Dieses ist für das schwierige Thanksgiving vollkommen, wenn Sie den Trumpf-unterstützenden Onkel haben, der auf eine Tirade gegen Immigranten geht, die amerikanische Jobs nehmen, und Sie möchten wirklich in einer hitzigen Debatte sich engagieren, aber müssen ihn zuerst heraus hören.

Denke daran, dass es wichtig ist, eine Person zu Ende sprechen zu lassen, egal wie sehr du sie mit einem Stück deines Geistes unterbrechen möchtest, denn wenn du ihnen erlaubst, ihre Gedanken zu vervollständigen, zeigt das Respekt gegenüber dem Sprecher. Wenn du den Sprecher nicht respektierst, wird der Sprecher dich nicht respektieren!

Warum zeigen wir dir nicht, wie du dieses "klärende" Geschäft angehen kannst?

Szenario Fünf:

An Thanksgiving, während du um den Tisch sitzt, hat dein trumpfliebender Onkel Drumpf einen Anfall davon, dass die Leute all die guten Dinge, die der alte Donny für das Land tut, nicht zu schätzen wissen und schimpft darüber, wie Einwanderer Amerika ruinieren, indem sie amerikanische Jobs stehlen.

Onkel Drumpf: Die amerikanische Öffentlichkeit muss

aufwachen und den Kaffee riechen. Mr. Trump ist der beste Präsident, den wir seit Jahrzehnten hatten. Er macht Amerika wieder großartig.

Du: Oh! Das ist ein interessanter Gesichtspunkt - wie denkst du, macht er Amerika wieder großartig?

Onkel Drumpf: Nun, er macht alles. Er leitet das Land, und die Wirtschaft boomt. Wir haben keine Mexikaner oder Einwanderer mehr, die reinkommen.

Du: Wie läuft die Wirtschaft, Onkel?

Onkel Drumpf: Wir haben in seinem ersten Jahr mehr Jobs und Dinge bekommen als im letzten Jahr von Obama.

Du: Ich verstehe. Was ist mit diesem Problem mit Einwanderern? Warum magst du sie nicht?

Onkel Drumpf: Weil sie nicht von hier sind. Das sind Immigranten!

Du: Also, du magst sie nicht, weil sie nicht ursprünglich aus Amerika stammen, sondern hierher gezogen sind?

Onkel Drumpf: Nun, nein, nicht wirklich. Es ist nur, dass sie ständig unsere Jobs stehlen!

Du: Sie stehlen unsere Jobs?

Onkel Drumpf: Verdammt ja! Unten in der Fabrik gibt es Hunderte von uns Weißen, die keine Jobs bekommen, aber sie bringen immer mehr "Facharbeit" ein, und dann nehmen sie unsere Jobs.

Du: Glauben Sie dann, dass nur weiße Amerikaner Amerikaner sind?

Onkel Drumpf: Das habe ich nicht gesagt! Spielt nicht die Rassenkarte aus!

Du: Okay, also was denkst du, was "Facharbeiter" ist?

Onkel Drumpf: Es ist, wenn sie Menschen hereinlassen, die ausgebildet sind, bestimmte Dinge zu tun.

.... (Gespräch geht weiter)

Jetzt ist hier mit der ganzen Diskussion viel los. Auf der einen Seite hast du einen leicht antagonistischen Onkel, den du versuchst, in Schach zu halten, und auf der anderen Seite versuchst du auch, dich selbst zu kontrollieren, denn mit jedem Satz aus seinem Mund willst du unbedingt auf eine Tirade gegen ihn gehen.

Hier ist jedoch das Problem. Sich gegenseitig anzuschreien, bis ihr beide blau im Gesicht seid, wird nichts ändern. Deshalb bleibt in den Gerichten, wenn eine Seite spricht, die andere Seite still, und während die andere Seite spricht, bleibt die erste Seite still. Es ist symbiotisch.

Bedeutet das, dass du passiv zuhören und ihn hoffentlich abstimmen solltest, damit du nicht auf seine rassistischen Ansichten hören musst? Nun, nein, denn das hilft auch nichts - wenn du ihm nicht zuhörst, wie willst du herausfinden, warum er so denkt, wie er es tut. Was treibt ihn an? Hat er falsche Vorstellungen? Was sind das für welche?

Hier kommst du mit den Fragen ins Spiel. Klärungsfragen zeigen nicht nur, dass du zuhörst, sondern sie untermauern auch ein Gespräch, so dass du, wenn du zurückgehen und diese Themen ansprechen willst, weißt, was du sagen musst. Dies ermöglicht es dir und dem Sprecher, mehr Gemeinsamkeiten zu finden und ist ideal für die Konfliktlösung.

Technik 6: Unterstützende Ruhe

Interessanterweise bedeutet all dies nicht, dass, wenn du jemandem zuhörst, du aktiv sprechen oder dich engagieren musst, um zu zeigen, dass du in das

Gespräch investiert bist. Schweigen hat eine Art, extrem engagiert zu sein, besonders wenn man nah genug an einer Person ist. Deshalb wirst du bemerken, dass es dir nichts ausmacht, mit Leuten zu schweigen, mit denen du dich wohl fühlst, während das Schweigen, wenn du mit einer neuen Menge zusammen bist, dir das Gefühl geben kann, dass du dich unwohl fühlst oder dass du etwas tun oder etwas sagen musst.

Im Idealfall kannst du das Schweigen so manipulieren, dass es unterstützend wirkt und dein Sprecher erkennt, dass du mehr Informationen willst und entsprechend liefern kannst. Dies ist super wichtig, denn während Klärung und Reflexion gelegentlich wirklich unecht klingen können, musst du dir darüber keine Sorgen machen, da deine Körpersprache und nonverbale Hinweise für dich sprechen.

Betrachten wir zwei gegensätzliche Beispiele.

Szenario Sechs:

Dein Freund Nayeem war das Opfer eines schrecklichen Schießangriffs auf seine Moschee, als er zum Beten ging. Er verlor seinen jüngeren Bruder Abrar bei der Schießerei und ist gerade erst nach einer

Woche Trauer in die Schule zurückgekehrt. Er starrt nun vor das Fenster. Wenn du bemerkst, dass er allein ist, kommst du hoch, um mit ihm zu sprechen, und das Gespräch läuft wie folgt ab:

Du: Hey Mann, ich habe gehört, was passiert ist - es tut mir wirklich leid für deinen Verlust. Es muss hart sein. (Du sitzt ruhig an seiner Seite, dein Gesicht zeigt Sorge und Bedrängnis, aber du bleibst ansonsten still und wartest darauf, ob er antworten will).

Nayeem: Es ist einfach so sinnlos, er war gerade mal vier Jahre alt.

Du: Es ist schwer, aus solcher Brutalität einen Sinn zu machen.

Nayeem: Er hatte sein ganzes Leben noch vor sich. Warum sollte jemand so etwas mit einem Kind machen? Wie kann das fair sein?

Du: Das ist es nicht.

Nayeem: Ich hoffe nur, dass die Leute daraus lernen. Terrorismus gibt es in allen Formen und Formen, aber das Gefühl des Verlustes ist immer dasselbe. Ich vermisse ihn so sehr.

Hier hat deine Stille in Verbindung mit deinen sanften Reflexionen deinem Freund Nayeem erlaubt, sich zu äußern. Wenn du dich stattdessen mit der Stille unwohl gefühlt hättest, würdest du versuchen, Parallelen zu ziehen oder mehr Informationen hinzuzufügen - und Nayeems letzte Offenbarung, als er merkt, dass er mehr als alles andere seinen kleinen Bruder vermisst, wäre nicht passiert. Das ist schlecht, weil du Nayeem nicht geholfen hast, etwas zu tun. Du nimmst ihm den Moment des Schmerzes, indem du über ähnliche Vorfälle oder andere Menschen sprichst, die Dinge durchgemacht haben, während alles, was Nayeem wirklich brauchte, war, sich damit abzufinden, wie er sich fühlte und warum er sich so fühlte.

Denke aber immer daran, dass Schweigen sparsam eingesetzt werden muss. Wenn du immer ganz ruhig bist, während du zuhörst, wirst du als passiver Zuhörer, der nicht investiert ist, dastehen.

Technik 7: Zusammenfassung

Kommen wir nun zu einer unserer Favoriten-Zusammenfassungen.

Warum ist das ein Favorit?

Hatten Sie schon mal einen schlechten Boss? Wie ein

wirklich schrecklicher Chef, der sagen würde, dass er dir gesagt hat, du sollst A, B und C machen, aber in Wahrheit hat er dir nur gesagt, dass du A machen sollst, und jetzt wirst du für seine Inkompetenz verantwortlich gemacht? Wie wäre es mit schwierigen Eltern, die dir Aufgaben zuweisen und dann zurückkommen und sagen, dass du X, Y und Z verpasst hast.

Der beste Weg, mit diesen Situationen umzugehen, ist die Verwendung der Verdichtungstechnik.

Die Funktionsweise dieser Technik beruht also auf einem dreistufigen Prozess:

Zuerst werden die Informationen vom Sprecher vermittelt, der dem Zuhörer sagt, was zu tun ist. Zweitens werden die gegebenen Informationen vom Zuhörer in eigenen Worten wiederholt, um mit dem Sprecher zu klären und sicherzustellen, dass er die ihm zugewiesenen Aufgaben richtig verstanden hat. Der dritte Schritt ist ein Nebenprodukt. Hier werden die Aktionen öffentlich angekündigt, wie Sie sie wiederholen, so dass wenig Raum für Missverständnisse besteht.

Lass uns ein einfaches Beispiel durchgehen.

Szenario Sieben:

Du bist Lehrerin und hast mit einem besonders schwierigen Kind, Paulus, gearbeitet. Paul ist normalerweise ein gutes Kind, aber er hasst das Lernen, also macht er immer Ausreden und behauptet, dass er sich der zusätzlichen Kursarbeit, die festgelegt wurde, oder der zugewiesenen Hausaufgaben nicht bewusst war. Sein Verhalten wird jetzt problematisch, weil er im Unterricht zurückbleibt. Eine gute Möglichkeit, das Verhalten von Paulus sofort zu überprüfen, ist die Verwendung der Zusammenfassungstechnik.

Lehrer: Du hast deine Hausaufgaben für alle deine Klassen diese Woche verpasst und auch drei deiner Kursarbeiten. Wenn du wirklich in der gleichen Klasse mit deinen Freunden bleiben willst, musst du alle diese bis Ende nächster Woche einreichen und sicherstellen, dass der Rest deiner Aufgaben in diesem Jahr pünktlich ist und mit C oder höher bewertet wird.

Paul: Ich will bei meinen Freunden bleiben.

Lehrer: Warum gehst du dann nicht durch, was du tun musst. Vielleicht hilft es dir, dich zu erinnern.

Paul: Ich muss alle meine verpassten Hausaufgaben

und Kursarbeiten bis Ende dieser Woche einreichen. Das ist Freitag, oder?

Lehrer: Das stimmt, was noch?

Paul: Ich muss bei allen meinen anderen Einsätzen in diesem Jahr ein Minimum von C halten und sie rechtzeitig einsenden.

Lehrer: Gut gemacht, ja!

Indem du Paul ermutigst, ein aktiver Zuhörer statt eines passiven zu sein, hast du sichergestellt, dass er die von dir erwähnten Themen wiederholt und durchgegangen ist. Jetzt hat er es nicht nur gehört, er kann nicht sagen, dass er dich nicht gehört hat oder dass er diesen Teil über das Minimum C vermisst hat, das du ihm gesagt hast, er solle es beibehalten. Dies hilft nicht nur, das Verständnis zu klären, sondern auch, den Fortschritt später zu erfassen.

Technik 8: In den Kontext setzen

Ein super wichtiger Teil eines jeden Gesprächs ist der Kontext. Du siehst, wenn ein Sprecher spricht, kontrollieren sie die Geschichte, und als solche nehmen sie bewusst die Teile der Geschichte auf oder lassen sie weg, die für sie nützlich oder schädlich sind. Nun, das kann aus einer Vielzahl von Gründen geschehen. Es könnte sein, dass der Redner lediglich nicht bemerkt hat, wie wichtig die Vorfälle sind, die er vermieden hat, oder er konnte spüren, dass diese Vorfälle vom Kernproblem ablenken.

Deshalb ist Zuhören so wichtig, gerade in der Welt der alternativen Fakten. Die Konzentration auf das Gesagte und die Aufnahme der Informationen hilft, oberflächliche Reaktionen wie breite Verallgemeinerungen oder Schnappschussinformationen zu vermeiden. Es ist wichtig, stattdessen daran zu denken, dass alle Informationen immer kontextbezogen sind. Das bedeutet, dass es wichtig ist, kontextbasierte Fragen zu verwenden, um die ganze Geschichte herauszufordern und herauszuarbeiten, wenn man es mit einem Sprecher zu tun hat, der seine Version einer Geschichte bildet.

Szenario Acht:

Im gegebenen Szenario haben wir es mit einem Sandy Hook-Truthahn zu tun (eine Person, die nicht glaubt, dass das Sandy Hook-Massaker real war und stattdessen glaubt, dass Krisenakteure eingesetzt wurden, um ein Ereignis zu inszenieren, das die Gesetze zur Waffenkontrolle beeinträchtigen könnte), beeinflusst von Infowars und Alex Jones. Durch die Verwendung kontextualisierter Fragen können Sie Ihren Sprecher zwingen, Inkonsistenzen mit seiner eigenen Erzählung zu erkennen, was im Umgang mit Personen, die drastisch unterschiedliche Sichtweisen auf Themen haben, enorm hilfreich ist. Beachten Sie Folgendes:

SH Truther: Die ganze Sandy Hook-Sache war ein Betrug; niemand nimmt meine Waffen mit diesem Zeug.

Du: Warum glaubst du, dass es ein Betrug war?

SH Truther: Alex Jones machte einen ganzen Bericht, der alles erklärte.

Du: Ist Alex Jones eine zuverlässige Quelle?

SH Truther: Er hat seine eigene Show, und Mr. Trump unterstützt ihn.

Du: Sind sie nicht beide aufgerufen worden, gefälschte Nachrichten zu nutzen und zu verbreiten? Woher weißt du, dass sie die Wahrheit sagen?

SH Truther: Wenn er nicht die Wahrheit gesagt hätte, hätte die Regierung ihn aufgehalten.

Du: Nun, eigentlich wird Alex Jones wegen Diffamierung verklagt, und er hat bereits drei Klagen verloren, was bedeutet, dass die Gerichte ihn der Verbreitung von Propaganda für schuldig erklären.

Wenn du anfängst, Dinge in Zusammenhang zu bringen und den Sprecher dazu zu zwingen, wirst du feststellen, dass du sowohl Diskussionen rationalisieren als auch mit bewussten Versuchen umgehen kannst, Fakten an eine Erzählung anzupassen, indem du den Sprecher zwingst, die Erzählung anzuerkennen. Dies ist sehr hilfreich im Umgang mit konfrontativen Menschen, die es nicht mögen oder zugeben wollen, dass sie sich irren.

In diesem Beispiel versucht Ihre erste Frage, Informationen zu sammeln. Der Sprecher ist überzeugt, dass das Problem ein Betrug war, dann zwingen Sie ihn, zu erklären, warum sie das glauben, und was ihre Quellen sind, etc. Deine zweite Frage stellt ihre Quellen in Frage, was sie zwingt, sie zu unterstützen, was in deiner Folgefrage erneut in Frage gestellt wird. Danach versucht man, die Situation mit Hilfe der Logik zu verteidigen, was durch den letzten Punkt beantwortet wird, an dem man ihm zeigt, dass die Annahmen, auf die er seine Geschichte gestützt hat, falsch waren.

Kontextualisierung ist sehr wichtig, denn wenn jemand zu dir kommt und sagt, dass X, Y oder Z dich einen schlechten Namen genannt hat, anstatt dich zu schlagen, musst du zuerst den Kontext verstehen. Verstehen oder Suchen nach Kontext bedeutet nicht, dass du gegen sie bist oder sagst, dass sie falsch sind. Es bedeutet lediglich, dass man, um eine Situation vollständig zu verstehen, alle Informationen braucht, nicht nur die Informationen, die sie wollen, dass man ihre Seite der Geschichte füllen muss - so werden alternative Fakten geboren.

Technik 9: Immer wieder von vorne

Und das bringt uns zu unserer letzten Technik-Wiederholung.

Es ist wichtig, dass du bedenkst, dass Menschen Sklaven der Gewohnheit sind, und das bedeutet, dass all die Gewohnheiten, die du entwickelt hast, nicht nur an einem schönen Morgen aufgetaucht sind. Sie entwickelten sich im Laufe von Jahren und Jahren positiven Verhaltens. Was meinen wir damit?

Kennst du die Geschichte von Pavlov und seinem Hund?

Nein?

Nun, ein russischer Psychologe namens Ivan Pavlov hat sich diese Sache ausgedacht, die klassische Konditionierung genannt wird. Jeden Tag läutete er eine Glocke und innerhalb von fünf bis zehn Sekunden platzierte er ein großes, saftiges Steak, das sein Hund essen konnte. Ein paar Wochen später ersetzte er das Steak durch Hackfleisch, und ein paar Wochen später benutzte er Fleischpulver. Schließlich hörte er auf, etwas zu löschen, und doch war die Reaktion des Hundes das Einzige, was sich nicht ändern würde. In der Sekunde, in der er die Glocke hörte, fing er an, in Erwartung zu spucken. Es liegt daran, dass er trainiert wurde, so zu denken.

Warum ist das wichtig?

Denn das Gleiche gilt für den Menschen. Mit aktivem Zuhören kannst du dich tatsächlich trainieren, auf eine bestimmte Weise zu denken und das Gleiche mit deinen Lautsprechern zu tun. Wenn dein Sprecher zum Beispiel bemerkt, dass du genug Aufmerksamkeit auf kontextualisierte Fragen verwendest, wirst du feststellen, dass sie sich von propagandistisch inspirierten Verallgemeinerungen abwenden, weil sie sich nicht in Verlegenheit bringen wollen, wie beim ersten Mal.

Es ist eine erlernte Reaktion. Du musst dir immer wieder bewusst sagen, dass du es besser machen sollst, oder dass du zusammenfassen, reflektieren oder sogar unterstützende Stille benutzen sollst, und irgendwann wirst du feststellen, dass du all das instinktiv tun kannst, weil du dein Gehirn trainiert hast, so zu reagieren.

Wer sagt, dass man einem "alten Hund" keine neuen Tricks beibringen kann?

Hier ist ein Beispiel.

Szenario Neun:

Du hattest es mit fünf Managern zu tun, die Schwierigkeiten bei der Bearbeitung von Problemen aus ihren Teams hatten. Um die Fähigkeit, Probleme aktiv anzuhören, zu verbessern, erhielten die Führungskräfte jedes Mal, wenn sie mit einem problematischen Mitarbeiter zu tun hatten, ein Frage-

Antwort-Bogen. Es wurde eine Checkliste zur Verfügung gestellt, die die Manager ermutigte, mit einer Reihe von Fragen an die Ursache der Probleme heranzugehen. Ein Jahr später stellte das Top-Management fest, dass die ursprünglich bearbeiteten Schwierigkeiten kein Thema mehr waren und das Checklistenblatt nicht einmal notwendig war, weil die Manager selbst die entsprechenden Fragen stellten.

Die kontinuierliche Wiederholung des Prozesses führte dazu, dass die Prinzipien des aktiven Zuhörens in die Manager eingebettet wurden - ein perfektes Beispiel für Spülen und Wiederholen.

Überprüfe dich selbst

Das Erlernen von Techniken, die dir helfen, deine Hörfähigkeiten zu verbessern, ist eine lohnende Sache. Aber bevor du weitermachst, musst du dir wirklich genau ansehen, was du erreichen willst. Warum bist du auf der Suche nach einer Verbesserung deiner Hörfähigkeiten? Welche Beschwerden hast du erhalten? Wie hoch sind die Verluste in Bezug auf die Beziehungen, die du erlitten hast?

Sei ehrlich; sei brutal ehrlich.

Zu lernen, wie man nach Jahren des Nicht-Hörens wieder ganz von vorne zuhört, wird nicht einfach sein, und das ist genau hier Ihre Motivation. Es ist das, was dich jedes Mal am Laufen halten wird, wenn du einen Fehler machst.

Nimm dir eine Minute, oder nimm dir zehn - aber finde heraus, was dir wichtig ist. Denke daran, immer das Gesamtbild zu betrachten.

To-Do Drills - Ihre OFFIZIELLEN Handlungsgegenstände

Okay, also sind wir fertig mit all dem schweren Heben, aber wie stellen wir sicher, dass du all diese Techniken anwenden kannst?

Zuerst machst du eine kleine mentale Pause - du hast gerade einen Haufen Zeug gelernt, und dein Gehirn ist im Schnellgang, schnapp dir ein Glas Wasser (bleib hydratisiert!) und dann, bevor du weiterliest, mach eine mentale Zusammenfassung des Materials, das du gerade gelernt hast.

Alles erledigt?

Großartig, jetzt, während diese Tipps wichtig für dein Verständnis von aktivem Zuhören und wie es funktioniert, musst du auch eine einfache Möglichkeit haben, sie umzusetzen. Fangen wir damit an, zu überprüfen, ob du diese fünf Dinge tust.

1. Hältst du Augenkontakt?

Wir wissen, dass wir es nicht wirklich hervorgehoben haben, aber es ist wirklich eine Selbstverständlichkeit. Augenkontakt ist ein kritischer Bestandteil jeder Form der Kommunikation. Aber es ist besonders wichtig, wenn es um das Zuhören geht, da es eine der wenigen tatsächlichen Aktionen ist, an denen Sie sich beteiligen. Augenkontakt hilft, die Balance zu halten und sorgt dafür, dass sich dein Sprecher gehört fühlt, während du gleichzeitig konzentriert bleibst.

2. Bleibst du der Situation gegenüber offen?

Dies ist im heutigen politischen Klima besonders wichtig. Sieh mal, wir stellen fest, dass du vielleicht nicht mit vielen politischen Gesprächen einverstanden oder sogar ähnlich bist, aber was ist mit den Menschen? Du musst sie nicht mögen, aber sind sie dir wichtig? Wenn Ihre Antwort ja ist, müssen Sie einen Weg finden, um zu versuchen zu verstehen, woher sie kommen. Du musst ihnen nicht zustimmen; du musst nicht einmal Auge in Auge sehen, aber indem du zumindest verstehst, wie sie denken, schaffst du Raum für einen Dialog. Am Ende sind es nicht die ersten Kämpfe, sondern Gespräche, die die Welt verändern.

3. Unterbrich nicht und versuche nicht ein Problemlöser zu sein!

Du bist kein Klempner, und selbst wenn du es bist, bist du kein Gesprächsklempner. Dein Job ist es nicht, hinüberzugehen, um zu sehen, was los ist, und die Dinge in Ordnung zu bringen - es ist, zuzuhören und zu versuchen zu verstehen. Das Unterbrechen stellt sicher, dass Sie nie verstehen werden, weil es bedeutet, dass Sie zuhören, um zu reagieren und nicht zu verstehen. Gleiches gilt für das Angebot von Lösungen. Steig von deinem hohen Ross ab. Das ist nicht das, worum es beim Hören geht.

4. Wartest bevor du nach der Klarstellung fragst?

Ja, wir wissen, dass wir gesagt haben, dass die Klärung ein wichtiger Teil des Zuhörprozesses ist, aber das bedeutet nicht, dass du die ganze Zeit um Klärung bitten solltest. Es gibt für alles eine Zeit und einen Ort. Man fragt nicht nach einer Erklärung in der Mitte eines Satzes. Keine Panik, das ist wie Verkehr. Du kannst sprechen, wenn das rote Licht an geht, und der Sprecher macht eine Pause, und selbst so, formuliere es schön, damit es zeigt, dass du fragst, weil du es wissen willst, nicht um sie herauszufordern.

5. Bleibst du mit den nonverbalen Hinweisen auf dem Laufenden?

Außerhalb des Bereichs der Chat-Linien und E-Mails ist ein Großteil der Kommunikation, die wir haben, nonverbal. Dein Ton, dein Gesichtsausdruck oder sogar die Art und Weise, wie du dich selbst hältst, bedeuten etwas und sind entscheidend für die richtige Beurteilung einer Situation. Aktiviere das aktive Zuhören. Denke daran, dass aktive Zuhörer bewerten, und der beste Weg, dies zu tun, ist, herauszufinden, was dein Sprecher fühlt, damit du dieses Problem lösen kannst.

Siehst du, das war nicht wirklich so schwer, jetzt war es das?

Wenn du das nächste Mal jemandem zuhörst, behalte diese fünf Tipps im Hinterkopf. Warum notieren Sie sich nicht, wie viel besser das Erlebnis für Sie beide ist!

Kapitel Zwei:

Wie man Menschen dazu bringt, zuzuhören

"Gute Kommunikation hängt von zwei einfachen Fähigkeiten ab - Kontext, der einen Leiter auf die gleiche Frequenz wie sein Publikum einstellt, und Lieferung, die es einem Leiter ermöglicht, Botschaften in einer Sprache zu formulieren, die das Publikum verstehen kann" - John C. Maxwell

Während ein guter Zuhörer eine kritische Komponente jedes Kommunikationsaktes ist, ist das Wichtigste, mit dem du es zu tun hast, wenn du versuchst, effektive Kommunikation zu üben, das Sprechen.

Aber hier ist der Haken. Es sind nicht wirklich die Wörter, die du benutzt, die das Wichtigste sind; deine Wörter oder Sprachkenntnisse sind ein Modem. Es ist die Art und Weise, wie du dich engagierst, aber was du wirklich tun musst, ist deine Lieferung. Siehst du, bei dem es um Fähigkeiten geht, und ob du es glaubst oder nicht, es kann entwickelt werden.

Nun werden wir auf die Grundlagen der effektiven Lieferung und ihre Eckpfeiler eingehen. Aber zuerst werden wir einen kurzen Umweg machen, um deutlich zu machen, was wir unter effektiver Kommunikation verstehen. Warum jetzt?

Denn im ersten Kapitel hast du dich mit Zuhören beschäftigt, und Zuhören, obwohl es eine wichtige Komponente der Kommunikation ist, erfordert nicht so viel Aktivität wie der eigentliche Lieferprozess. Jetzt lass uns ohne weitere Umstände loslegen.

Effektive Kommunikation verstehen

Effektive Kommunikation ist in der Regel ein Geschäftsbegriff, und sie wird im Allgemeinen verwendet, um sicherzustellen, dass eine vollständige, kohärente Form der Kommunikation stattfindet, und zwar so, dass die Person, mit der Sie kommunizieren, die vermittelte Botschaft so versteht, wie sie der Kommunikator verstanden hat.

Ziemlich einfach, oder?

Was du gerade getan hast, ist das Komplizierteste, was die Menschheit je getan hat. Tatsächlich ist nur die menschliche Rasse zur vollständigen Kommunikation fähig, so dass sichergestellt ist, dass die Botschaft, die wir vermitteln, "so vermittelt wird, wie sie der Kommunikator verstanden hat".

Im Allgemeinen wenden wir uns den sieben C's der Kommunikation zu. Korrektheit, wobei du sicherst, dass die Informationen, die du lieferst, korrekt und genau sind. Klarheit stellt sicher, dass du die Dinge nicht verkomplizierst, vergiss nicht, dich zu konzentrieren und dich an ein Thema zu halten. Der beste Weg, das zu tun, ist, sicherzustellen, dass du prägnant bist, das zu bedecken, was bedacht werden muss, ohne Verschönerung, nicht zu viel Aufbau zu schaffen, sondern einfach da reinzugehen und zum Punkt zu kommen. Allerdings ist es ebenso wichtig, dass du Ausschau hältst, um sicherzustellen, dass die gesendete Nachricht vollständig ist. Und dann in schneller Folge, hast du Rücksicht, Konkretheit und Höflichkeit. Um sicherzustellen, dass du freundlich und rücksichtsvoll bist, werden wir in Kapitel drei die Überlegungen vertiefen, wenn wir über Empathie sprechen. Deine Konkretheit kommt von der Authentizität dessen, was du sagst, und zum Schluss gibt es eine Höflichkeit, die der Lack darüber ist, der das Publikum glücklich und bereit hält, zuzuhören.

Aber bei all dem geht es um die Botschaft, mit der wir es zu tun haben - wie wir diese Botschaft vermitteln, ist ein ganz anderes Thema.

Also, kommen wir gleich zur Sache, oder?

Wie man effektiv abliefert

Wenn du irgendeine Form der Kommunikation lieferst, ob persönlich oder über ein Telefonat, gibt es gemeinsame Faktoren, die dazu beitragen, dass die Umsetzung des Themas erstklassig ist. Nun, nicht alle diese Methoden gelten für alle Formen der Lieferung, und das ist in Ordnung. Du musst nicht jedes Mal, wenn du sprichst, alle diese Themen gleichzeitig behandeln. Wenn du versuchst, so viele der Probleme wie möglich positiv anzugehen, wirst du feststellen, dass sich nicht nur deine Leistung drastisch verbessert hat, sondern auch dein Selbstvertrauen.

Bereit?

1. Haltung

Wenn du von Angesicht zu Angesicht mit demjenigen, mit dem du sprichst, zusammen bist, spielt deine Körpersprache oder deine Körperhaltung eine wichtige Rolle bei der Wahrnehmung dessen, was du sagst. Eine der besten Möglichkeiten, um sicherzustellen, dass du auf der Bühne stark und selbstbewusst wirkst, ist die Schaffung einer soliden Haltung. Du wirst feststellen, dass Nachrichtensprecher oder professionelle Sprecher, wenn sie sprechen, nicht schwanken oder rocken. Sie haben fast immer eine starke, stabile Haltung, die es ihnen ermöglicht, einen sicheren Stand zu halten. Der beste Weg, dies zu tun, ist, sicherzustellen, dass Ihre Füße auf die gleiche Breite wie Ihre Schultern gespreizt werden, so dass die vier Ecken Ihres Körpers nun eine Art Gleichgewicht schaffen. Das ermöglicht es dir, geerdeter und selbstbewusster auszusehen.

Du kannst eine ähnliche Haltung replizieren, auch wenn du dich hinsetzt, indem du deine Füße flach auf den Boden legst und ein wenig Aufwärtsdruck ausübst, so dass du gerade und hoch sitzt und klare Atemwege und Lungen hast, mit denen du sprechen kannst.

Was wir jetzt tun, nennt man selbstbewusste Haltung.

58

Indem wir unsere Schultern zurückziehen und unsere Arme und Beine entweder entspannt oder in einer starken Haltung halten, drücken wir Durchsetzungsvermögen aus und sagen unserem Publikum, dass wir wissen, was wir tun und dass sie in sicheren Händen sind.

Während selbstbewusstes Auftreten für Meetings und Präsentationen ideal ist, solltest du versuchen, eine offene Haltung zu etablieren, wenn du es mit etwas Persönlicherem zu tun hast. Dies ist besonders wichtig, wenn du es mit Freunden und Familie zu tun hast. Achte bei offener Haltung darauf, dass deine Hände und Beine im Stehen auseinander liegen. Häufig werden die Hände mit dem Gesicht nach oben gehalten, um Schwachstellen zu zeigen und zu zeigen, dass du bereit und offen für Kommunikation bist.

Angenommen, du führst ein intensives Gespräch mit deiner Tante Macy. Tante Macy ist eine wunderbare Frau, die erstaunliche südliche Kekse mit Soße backt, für die man sterben kann, aber sie hat ein winziges kleines Problem. Tante Macy liebt ihre Waffen, und sie ist eine zertifizierbare Waffenmutter.

Tante Macy nimmt bestimmte Handlung zur Vorstellung, dass ihr First Amendment Recht durch die Schule Schießereien bedroht werden könnte, die geschehen sind und behauptet, dass diese alle eine List sind, zum ihrer Gewehren wegzunehmen. Du versuchst, mit ihr darüber ein Gespräch zu führen, aber ihre Arme und Beine sind stark verschränkt, und sie weigert sich, zuzuhören oder sich davon überzeugen zu lassen.

In dem gegebenen Beispiel stellt Tante Macy eine geschlossene Haltung dar, in der sie unwillig und offen feindselig gegenüber dem Thema ist. Das sagt dir, dass jetzt wahrscheinlich nicht der beste Zeitpunkt ist, um das Problem mit ihr zu besprechen; sie ist nicht offen für Gespräche. Wenn du jedoch der Meinung bist, dass es unbedingt notwendig ist, dass ein solches Gespräch sofort stattfindet, kannst du versuchen, sie abzulenken und dann wiederzukommen. Die Idee ist, dass sie, wenn du anfängst, wieder über das Thema zu sprechen, in einer offeneren Denkweise sein wird, die du beurteilen kannst, indem du einen kurzen Blick auf ihre Haltung wirfst. So erlaubt die Haltung nicht nur die Darstellung eines bestimmten Bildes, sondern hilft auch zu verstehen, was dein Publikum denkt, was dich an einen besseren Ort bringt, um beurteilen zu können, welche Informationen du vermitteln solltest. Verrückt, nicht wahr?

2. Stimme

Die Intonation der Stimme ist vielleicht die mächtigste Waffe, die jedem Lautsprecher zur Verfügung steht. Eine Reihe von verschiedenen Dingen können die Intonation bestimmen, einschließlich des verwendeten Registers. Im Allgemeinen haben Studien gezeigt, dass ein niedrigeres Register bevorzugt wird, da Menschen, die aus einem niedrigeren Register sprechen, ehrlicher und zuverlässiger sind. Timbre und Tonhöhe sind auch hier wichtig, da sie auch zum positiven Empfinden des Publikums beitragen. Warmere, sattere Töne gelten als vorzuziehen, weshalb Politiker sich darauf vorbereiten, beim Sprechen tiefe, warme Stimmen zu verwenden.

Nehmen wir an, du bist ein kleines Startup-Unternehmen, das die Einheimischen ermutigen will, bei lokalen Bauern einzukaufen, im Gegensatz zu großen Supermärkten. Deine Firma arbeitet als Mittler zwischen den lokalen Bauern und den Einheimischen. Das Hauptziel deines Unternehmens ist der Kundenservice, da die lokalen Landwirte nicht immer in großen Mengen oder sogar unbedingt so konsequent liefern können wie Supermärkte. Wenn ein Produkt nicht verfügbar ist oder aus irgendeinem Grund nicht bereitgestellt werden kann, ist es die Aufgabe deines Unternehmens, dafür zu sorgen, dass du den

Verbraucher sanft im Stich lassen kannst.

Glaubst du, dass es möglich ist, jemanden sanft im Stich zu lassen, ohne ihn zu verärgern? Hat dein Tonfall etwas damit zu tun?

Nun, Studien, sagen, dass das stimmt!

Lässige Töne, die eher leicht oder luftig sind, haben sich als störend erwiesen, wenn Verbrauchern eine Anfrage verweigert wird, da sie sie als nicht ernst empfinden. Im Gegensatz dazu wird ein tieferer, formellerer Ton als autoritärer angesehen und wird von aufgeregten Kunden besser angenommen.

3. Augen

Ihre zweitwichtigste Waffe im Umgang mit Kommunikation ist der Blickkontakt. Der französische Schriftsteller Victor Hugo hat einmal vorgeschlagen, dass wir, wenn eine Frau spricht, mit unseren Augen hören sollten, was sie sagt, denn dort findet so viel von der ursprünglichen Kommunikation statt. Tatsächlich wird dies als ein so häufiges Ereignis angesehen, dass es zahlreiche Sätze gibt, die sich mit Augenkontakt oder der Kommunikation der Augen befassen, darunter "Augen offen halten", "Augenweide" oder

"Augenapfel".

Es gibt vier Schlüsselfaktoren, die durch Blickkontakt ausgedrückt werden. Das erste ist Intimität oder Nähe. Deshalb, wenn man sich romantisch an jemand anderen gebunden fühlt, neigen sie dazu, zu erhöhen, wie lange sie ihn direkt ansehen, und das wiederum wird verwendet, um zu verstehen, wie nah man sich dem anderen fühlt. Ein weiterer Schlüsselfaktor ist der Kontroll-Augenkontakt, mit dem beurteilt werden kann, wie kontrolliert man eine Situation ist. Deshalb neigen passive Hunde dazu, zu blinzeln oder mehr wegzuschauen, und aggressive, autoritäre Hunde werden Sie direkt ansehen. Augenkontakt kann verwendet werden, um die Kontrolle über ein Gespräch zu übernehmen und es umzuleiten, während er uns auch wichtige Dinge sagen kann, wie wichtig eine Information ist oder wie glaubwürdig sie ist.

Das ist aber noch nicht alles. Es gibt spezielle Regeln für den Augenkontakt. So sollte beispielsweise in einer formalen Situation der Blickkontakt nur auf die Augen der anderen Partei beschränkt sein, während im sozialen Bereich der akzeptable Bereich bis zum Nasenrücken reicht. Nur in intimen Umgebungen wird der Blick von den Augen auf die Lippen als akzeptabel angesehen.

Tatsächlich gibt es zehn Hauptfaktoren, die den menschlichen Blick beeinflussen und auf die Ihr Publikum Sie unbewusst beobachten wird. Die erste ist die physische Entfernung. Wenn sich die Menschen in unmittelbarer Nähe befinden, neigen sie dazu, sich nicht gegenüberzustehen und starren sie direkt an, da dies die Unbeholfenheit erhöht. Aus der Ferne ist jedoch ein konstanter Augenkontakt in Ordnung. Augenkontakt wird auch dann vermieden, wenn das Thema des Gesprächs persönlich oder privat ist, während bei Gesprächen über Meinungen mehr Augenkontakt üblich ist. Das Gleiche gilt für aufmerksamkeitssuchende Verhaltensweisen. Introvertierte neigen dazu, einen Blick für kürzere Zeiten zu halten als Extrovertierte, was Persönlichkeitsmerkmale auch für die Art des Augenkontaktes anzeigt, den du wahrscheinlich haben wirst. Zwischenmenschliche Fähigkeiten, Kooperation und Aufmerksamkeit scheinen dagegen mehr Blickkontakt zu erfordern, ebenso wie körperliche Attraktivität. Schließlich neigen Menschen mit psychischen Erkrankungen oder mit unterschiedlichem ethnischen Hintergrund dazu, unterschiedliche Ebenen des Blickkontakts zu haben.

4. Hände

Ob du es glaubst oder nicht, ein anderer Teil deines Körpers, der viel mehr zu sagen hat, als du tatsächlich erkennst, sind deine Hände. Interessanterweise merken die meisten Lautsprecher nicht einmal, dass sie ihre Hände bewegen, wenn sie sprechen. Das liegt daran, dass es sich praktisch um eine automatische Reaktion handelt. Deshalb integrieren so viele Kulturen Handgesten als Begrüßungsform. Zum Beispiel die gefalteten Handflächen in Indien, wenn sie "Namaste" sagen, in den meisten muslimischen Kulturen wird die rechte Hand leicht geschröpft und auf die Stirn gestellt, wenn sie "Assalamualaikum" sagt, die generische Handbewegung, wenn wir "Hello" sagen, und sogar der Handschlag, den wir verwenden, wenn wir jemanden zum ersten Mal treffen.

Jede Handbewegung vermittelt eine Botschaft an das Publikum. Warum führen wir Sie nicht durch ein paar Beispiele?

Versteckte Hände

Versteckte Hände haben eine sehr negative Konnotation, da der Gebrauch von Händen als eine so grundlegende und gängige Form der Kommunikation angesehen wird. Wenn ein Sprecher sich bewusst dafür entscheidet, seine Hände aus der Sicht zu nehmen, gilt dies als verdächtig. Sie erscheinen unsicher und als hätten sie etwas zu verbergen.

Handflächen nach oben

Das Gegenteil ist der Fall bei umgedrehten Handflächen, die traditionell bedeuten, dass der Sprecher offen und ehrlich ist, so sehr, dass er bereit ist, Verwundbarkeit zu zeigen. Dies ist jedoch nicht dasselbe, wenn man die Handflächen nach unten bewegt. Abwärts gerichtete Handflächen sind ein Hinweis auf Macht.

Hier zeigt der Redner, dass sie autoritär und dominant sind; es gibt keinen Raum für Diskussionen, und es wurde eine Entscheidung getroffen. Wenn der Sprecher dazu neigt, seine Handflächen nach unten zu legen, können sie auch als aggressiv wirken, und als solche sollte diese Haltung nicht über längere Zeiträume beibehalten werden, wenn er mit einer Menge zu tun hat.

Zeigefinger oben

Hast du jemals mit deinem bedeutenden Gegner gekämpft und ihn buchstäblich mit dem Finger auf dich zeigen lassen? Erinnerst du dich, wie wütend es dich gemacht hat? Nun, willst du wissen, warum? Das

Zeigen mit dem Finger ist eine super aggressive Geste, die in einer Vielzahl von Ländern wie den Philippinen und Bangladesch als kulturell unangemessen gilt. Mehrere Studien, darunter die von Pease (2004), diskutieren die Auswirkungen, die einschüchterndes Verhalten auf eine Menge hat, und plädieren gegen es.

Gefaltete Hände

Eingeschlagene Hände oder zusammengehaltene Hände neigen dazu, eine Art inneres Durcheinander zu reflektieren. Die Idee ist, dass die umklammerten Hände den Lautsprecher vor einem negativen Ausbruch bewahren. Studien zu diesem Thema haben gezeigt, dass je intensiver die negative Spannung ist, desto höher ist die Tendenz, die gefesselten Hände zu platzieren. Männliche Sprecher neigen dazu, ihren Schritt im Sitzen mit der Handschlaufe zu bedecken, da dies dazu beiträgt, dem, was sie für ihren wertvollsten und verletzlichsten Teil des Körpers halten, eine Form des geistigen Schutzes zu geben.

Der Kirchturm

Interessanterweise, obwohl das Kirchlein ganz ähnlich ist wie das Zusammenfassen unserer Hände, hat es eine fast entgegengesetzte Bedeutung. Politiker werden oft gesehen, wie sie ihre Hände türmen. Denn der Akt vermittelt Vertrauen und Konzentration.

Barack Obama, der vierundvierzigste Präsident der Vereinigten Staaten, wurde allgemein als Türmchen seiner Hände gesehen, besonders während der Interviews.

Hinter dem Rücken

Das Stehen mit den Händen hinter dem Rücken ist eine weitere häufige Geste, die verwendet wird, um Mut zu schildern, die Enthüllung der Brust als verletzlicher Teil des Körpers zeigt Vertrauen, besonders wenn die Hände hinter dem Rücken gefasst werden. Werden jedoch die Hände nicht gefasst, sondern am Ellenbogen oder Handgelenk gepackt, zeigt dies nun Nervosität oder Unsicherheit.

Hände zum Gesicht

Die Hände zum Gesicht hingegen zeigen Angst. Gestresste Lautsprecher neigen dazu, ständig ihr Gesicht oder ihr Haar zu berühren und versuchen, ihr Gesicht oder ihren Kopf so zu halten, wie man es von einem Baby erwartet. Dies ist definitiv die Art von Verhalten, die Sie vermeiden wollen, wenn Sie es mit einem Publikum zu tun haben.

Insbesondere Ärzte und Krankenschwestern scheinen diese Art von Verhalten ernsthaft zu vermeiden, da sie nicht die Zeit haben, dem Patienten zu erlauben, sich alles andere als selbstbewusst zu fühlen.

Den Hals berühren

Die Halsberührung ist eine Verlängerung der Tendenz von Hand zu Gesicht, obwohl diese mehr Angst hervorruft als die erste.

5. Umgebung

Die Umgebung, in der du sprichst, ist auch ein wichtiges Element jeder Form der Kommunikation. Eine Rede an einem Bahnhof zu halten, wo deine Sprache durch den Lärm von Zügen, die kommen und gehen, gedämpft wird, wird deiner Rede wahrscheinlich nicht helfen, mehr Wirkung zu erzielen. Alternativ, wenn du eine Rede auf einem Podium mit guter Akustik und ohne Hintergrundgeräusche hältst, ist es wahrscheinlicher, dass die Auswirkungen deiner Lieferung besser aufgenommen werden.

6. Gesicht

Das Gesicht gilt als der häufigste Weg, um nicht nur zu beurteilen, was eine Person mit dem meint, was sie sagt, sondern vor allem, was sie mit Bezug auf ihre Gefühle meint. Dies ist besonders wichtig, da das menschliche Gesicht bekanntlich die sechs universellen Emotionen widerspiegelt - Glück, Trauer, Überraschung, Angst, Ekel und Wut.

Beginnen wir damit, uns auf das Lächeln zu konzentrieren. Lächelnde Gesichter neigen dazu, Glück oder Freude zu bezeichnen. Der menschliche Verstand kann sogar zwischen einem Fake und einem echten Lächeln unterscheiden. Es gibt einige leichte körperliche Unterschiede. Mit einem echten Lächeln rollen die Mundwinkel nach oben und verengen die Augen in einer automatischen Reaktion. Dies unterscheidet sich von einem falschen Lächeln oder dem "sozialen Lächeln", das vom Einzelnen angespannt und kontrolliert wird.

Fast alle Menschen beschäftigen sich mit Dingen, die man Mikroausdrücke nennt. Mikroausdrücke sind wie die winzigen Details in einem Buch. Zusammen gelesen können sie dazu führen, dass die betreffende Person beeinflusst wird, in einer bestimmten Weise zu handeln. Zum Beispiel gibt es vier Mikroausdrücke der Lippen, die sich von einem einfachen Lächeln unterscheiden:

1. Das umgekehrte Lächeln - Die umgekehrte

Stirnrunzeln sind der häufigste Gesichtsausdruck, auf den du stoßen wirst, und sind ein Hinweis auf eine Art negative Reaktion auf einen bestimmten Reiz, der entweder irgendeine Form von Stress zeigt oder alternativ nein zu einer bestimmten Sache sagt.

2. Die Lippenfalte - Die Lippenfalte oder die Handtasche ist ebenfalls ein häufiger Gesichtsausdruck. Gerade hier geht es um widersprüchliche Gefühle. Zum Beispiel, wenn du den Leuten erzählst, dass der einzige Weg von Washington D.C. nach New York mit dem Zug ist, und ich weiß, dass du auch einen Flug nehmen oder auf einen Windhund steigen kannst. Selbst wenn ich dich nicht offen korrigiere, wird die Tatsache, dass ich weiß, dass du fehlerhaftes Wissen vermittelst, mich veranlassen, meine Lippen schweigend in Missbilligung zu falten. Die Lippenfalte wird daher im Allgemeinen verwendet, um auf eine Art negativer Emotionen wie Trauer, Unglück oder Misstrauen hinzuweisen, obwohl sie heutzutage auch ein ziemlich regelmäßiges Mitglied der Modellierungswelt zu sein scheint.

3. Der Hohn - Im Gegensatz zu geschürften Lippen, der sich nach oben kräuselnden Lippe oder dem Hohn hat keine alternative Bedeutung. Dies deutet auf eine Version der Verachtung hin, die wie die Augenrolle in ihrer Respektlosigkeit und Abscheu fast universell ist.

Das Spott ist am häufigsten, wenn und wo ein völliger Mangel an Respekt zwischen den beiden Parteien stattgefunden hat, und kann ein deutlicher Indikator für Paare sein, denen es nicht gut geht und die anfällig für Trennungen sind.

4. Die Spähzunge - Wenn jemand extrem beschäftigt ist oder sich auf etwas konzentriert, wird er wahrscheinlich auch kurze Zungenausstellungen machen. Dasselbe wird auch getan, um Ekel oder Verspieltheit zu zeigen, aber mit unterschiedlichen Gesichtskonstruktionen.

Aber die Lippen bilden einen bestimmten Teil ihrer Gesichtsreaktionen. Alternative Reaktionen sind das Furchen der Stirn, das auf Besorgnis aufgrund extremer Sorgen oder Wut hinweisen kann. Wut zeigt sich beim Aufflackern der Nasenlöcher, und auch die Nasen sind in vielen Kulturen, ähnlich wie beim Furchen von Brauen, vor Ekel oder Abstoßung geknittert. Und schließlich gibt es Erröten, wenn der Ansturm von Blut ins Gesicht dazu führt, dass das Gesicht rot wird, entweder durch Schock oder Scham oder durch jede andere Form von Stress.

7. Geschwindigkeit

Wie schnell du sprichst, kann auch helfen, deine Lieferung zu kontrollieren, wobei die Geschwindigkeit auf Aufregung oder Stress hinweist. Wenn du dich entscheidest, deine Lieferung zu verlangsamen, zwingst du das Publikum, auch langsamer zu werden und die Informationen, die auf eine langsamere Weise bereitgestellt werden, vollständig aufzunehmen.

8. Prosa

Prosodie kann auch eine sehr vorteilhafte Liefertechnik sein. Es bezieht sich auf die Sing-Song Qualität einiger Reden, die oft dadurch erreicht wird, dass man sich wiederholende Wörter verwendet, um einen Fluss oder einen Rhythmus zu erzeugen. In Martin Luther King Jr.' berühmter Rede benutzte er den Satz " Ich habe einen Traum ", um kontinuierlich eine Art Symmetrie zu schaffen, die dem Traum mehr Kraft gab - "Ich habe einen Traum, dass diese Nation eines Tages auferstehen und die wahre Bedeutung ihres Glaubensbekenntnisses ausleben wird: *"Wir halten diese Wahrheiten für selbstverständlich, dass alle Menschen gleich geschaffen sind.*

Ich habe den Traum, dass eines Tages auf den roten Hügeln Georgiens die Söhne ehemaliger Sklaven und die Söhne ehemaliger Sklavenhalter sich am Tisch der Bruderschaft zusammensetzen können.

Ich habe den Traum, dass eines Tages sogar der Staat Mississippi, ein Staat, der in der Hitze der Ungerechtigkeit schwelt, in der Hitze der Unterdrückung schwelt, in eine Oase der Freiheit und Gerechtigkeit verwandelt wird.

Ich habe den Traum, dass meine vier kleinen Kinder eines Tages in einer Nation leben werden, in der sie nicht nach der Farbe ihrer Haut, sondern nach dem Inhalt ihres Charakters beurteilt werden.

Ich habe heute einen Traum."

Der natürliche Rhythmus, der sich entwickelt, lässt die Sprache nicht nur besser klingen, sondern macht sie auch eingängiger und hält die Aufmerksamkeit.

9. Stille

Stille kann auch eine große Rolle bei der Geburt spielen. Wenn man es richtig einsetzt, in der Lage ist, die Stille zu nutzen, um ein Drama zu schaffen oder das

Publikum zu zwingen, zu denken, dass es Ergebnisse im Engagement erzielt, und je mehr eine Person engagiert ist, desto effektiver ist Ihre Lieferung!

Es kann aber auch ein wenig riskant sein, besonders wenn du eine geschlechtsübergreifende Kommunikation versuchst!

Dies liegt im Allgemeinen daran, dass Männer im Gegensatz zu Frauen dazu neigen, Informationen lautlos in ihren Köpfen zu verarbeiten, während Frauen dazu neigen, sich dem "Aussprechen von Dingen" zuzuwenden. Was das noch schlimmer macht, ist, dass das Schweigen für Frauen eher ein Indikator für Schmerzen oder Wut ist, weshalb sie, wenn sie es bei Männern sehen, eher in die Defensive gehen.

Angenommen, du bist eine Frau, und du und dein Freund streitet darüber, wie oft er die Aufgaben erledigt.

Du: Du tust nie etwas, nicht einmal das Bett!

Ihn: Was soll's, du kommst sowieso wieder ins Bett!

Du: Das ist lächerliche Logik. Du willst nur vermeiden, zu arbeiten!

Ihn: Nun, ich verstehe nicht, was daran so falsch ist, um ehrlich zu sein.

Du: Es ist falsch, denn je mehr Aufgaben du vermeidest, desto mehr muss ich tun.

Ihn: Hmm. (Stille)

Du: Was bedeutet das?

Du wirst feststellen, dass hier das Schweigen des Freundes auf aggressive Weise wahrgenommen wird, als ob es auf Ärger oder Wut hindeuten würde. Das ist es, was es bedeutet hätte, wenn die Freundin geschwiegen hätte. Während Stille also ein mächtiges Werkzeug für das Publikum sein kann, kann sie auch für andere Fälle ein effektives, wenn auch leicht widersprüchliches Werkzeug sein, weshalb es wichtig ist, das Schweigen gegebenenfalls zu klären.

10. Lautstärke

Wie laut du dich entscheidest zu sprechen, ist ebenfalls eine große Sache, und kann auch bei der Aufmerksamkeit des Publikums helfen - lautere Gesangsprojektionen können maßgebend sein und deine Aufmerksamkeit erregen, aber die Verwendung einer wirklich niedrigen Stimme kann zu einer höheren Konzentration führen.

11. Bewegung

Tatsächliche Bewegung auf der Bühne kann auch helfen, eine Menge Energie zu tanken und Ihre Leistung zu steigern. Denke daran, wenn du Nachrichten überbringst, bist du effektiv ein Leistungsträger. Alles zählt, angefangen bei deiner Stimme über deine Wortwahl bis hin zur Art und Weise, wie du dich bewegst.

Eckpfeiler für eine effektive Kommunikation

Während sich die oben aufgeführten Themen nun mit den externen Aspekten der Wahrnehmung deiner Rede befassen, während du sie hältst, gibt es auch interne Aspekte, die du im Hinterkopf behalten solltest. Diese Aspekte tragen dazu bei, die Integrität einer Rede zu formen und sicherzustellen, dass Kommunikation bei der Abgabe nicht nur als schmackhaft angesehen wird, sondern auch von der Masse begrüßt wird.

Ehrlichkeit

Bei der Ehrlichkeit geht es darum, in dem, was du sagst, wahr zu sein, klar und geradlinig zu sein, ohne ein Problem mit Zucker zu behandeln. Dies ist wichtig, denn wenn du damit beschäftigt bist, jemanden vor der Wahrheit zu retten, wirst du es schwer haben, mit ihm zu kommunizieren, was tatsächlich vor sich geht.

Nehmen wir zum Beispiel ein Boss-/Arbeitsverhältnis. Dein Mitarbeiter hat es sehr schlecht gemacht, und dir wurde mehrfach von einer höheren Ebene gesagt, dass er es besser machen muss, sonst wird er entlassen. Weil es dir schwer fällt, effektiv zu kommunizieren und weil völlige Ehrlichkeit etwas ist, mit dem du jedes Mal kämpfst, wenn du versucht hast, ihn zu erklären oder zu unterweisen. Jetzt, da seine Arbeit ständig gelitten hat, wird Ihr Mitarbeiter entlassen.

Siehst du, wie sehr du dich gegen das Ganze ehrlich verhalten hast und wie selbst mit den besten Absichten eine echte absolute Kommunikation ohne Ehrlichkeit unmöglich ist? Denke daran, dass du Empathie und Mitgefühl üben kannst, wenn du sprichst; das ist eine lobenswerte Eigenschaft, die wir im nächsten Kapitel behandeln werden. Aber du musst ehrlich und klar sein, um der Person, mit der du sprichst, und um dich selbst willen.

Authentizität

Authentizität ist ein weiterer wichtiger Faktor für eine effektive Kommunikation. Es mag ähnlich aussehen wie Ehrlichkeit, ist aber ganz anders. Authentizität erfordert nicht nur Ehrlichkeit, sondern auch ein Gefühl der Selbsttreue. Dies ist extrem wichtig für romantische Beziehungen und Freundschaften, in denen das Versagen, auf der eigenen Wahrheit zu stehen, dazu führt, dass man an ein kontinuierliches Murmeltiertag-Szenario gebunden ist, in dem man ständig vorgeben muss, dass man mit etwas in Ordnung ist, mit dem man nicht wirklich einverstanden ist.

Stell es dir so vor. Du magst diesen Kerl wirklich, und er ist zufällig ein großer Opernfan. Um sich besser kennenzulernen, lügt man und sagt ihm, dass man die Oper auch liebt. Ihr seid jetzt seit über fünf Jahren zusammen, da ihr festgestellt habt, dass ihr viele Dinge gemeinsam habt. Allerdings konnte man sich nie wie die Oper entwickeln, da das hohe Register und die Tonhöhe einen Migräneanfall auslösen. Er weiß das nicht, und jedes Mal, wenn er etwas Besonderes tun will, bekommt er dir Opernkarten, die du wiederum entweder vermeiden oder durchstehen musst. Das führt dazu, dass er denkt, dass du seine Nachdenklichkeit nicht zu schätzen weißt.

Siehst du, wie stark Authentizität sein kann? Wenn du dir selbst nicht treu bist und das erlaubst, irgendeine Art von kommunikativer Basis zu bilden, dann gehst du mit einer gebrochenen Basis voran, die an buchstäblich jedem Punkt deines Lebens brechen und zu Misstrauen und Ressentiments führen könnte. Was wirklich keine gute Sache wäre!

Integrität

Integrität ist das Gegenteil von Heuchelei. Wenn man jemand wird, dessen Wort Gewicht und Werte hat, zeigt man auch der Welt und vor allem den Menschen, mit denen man kommuniziert, dass man ihres Vertrauens würdig ist. Im heutigen politischen Klima ist es nicht verwunderlich, dass es Unternehmen und insbesondere Mitarbeitern schwer fällt, dem Management und seinen Führungskräften zu vertrauen. Das Umfeld, in dem wir derzeit leben, wird durch die falschen Führungsstile verdorben. Derzeit mangelt es der Kommunikation an Transparenz und

Authentizität. Denn das Ziel dieser Mitteilung ist es nicht mehr, Wahrheiten tatsächlich zu vermitteln, sondern Arbeiter, Wähler, Freunde und Familie zu nutzen und gegebenenfalls zu missbrauchen, um den eigenen Stand zu verbessern.

Da es ein ziemlich kniffliger Weg sein kann, warum helfen wir dir nicht ein wenig und geben dir ein paar schnelle Tipps, die dir helfen werden, sicherzustellen, dass du mit Integrität handelst?

1. Erzähle deine eigene Geschichte

Wenn du also da draußen versuchst, ehrlich und dir selbst treu zu sein, ist es leicht, manchmal auszufallen und den einfachen Weg nach draußen zu gehen. Eine Sache, die helfen wird, dich auf Kurs zu halten, ist, wenn du offen für deine eigene Geschichte bist. Sprich mit Menschen über dich und deine Vision, sei es für ein Unternehmen oder dein eigenes Leben - warum? Weil deine Vision nie beinhalten wird, schlechte Dinge zu tun und damit durchzukommen. Tatsächlich wird es helfen, deine Integrität zu stärken, um auf dem aufzubauen, was du sein willst.

2. Sei offen für Veränderungen

Nun, das ist auch wichtig, denn das Stagnieren in dem, was du für richtig hältst, ist ein einfacher Weg, um zurückzufallen. Wahrheiten mögen sich nicht ändern, aber Rechte und Werte schon. Du musst dies im Hinterkopf behalten, wenn du als Individuum wachsen und dich entwickeln willst.

3. Rede über die guten Sachen

Als nächstes kommt die Verstärkung. Erinnere dich, wie wir früher im Buch über Pavlovs Hund gesprochen haben und wie stark eine Rollenverstärkung war. Das Gleiche gilt für dich. Wenn du weiterhin offen über die guten Dinge sprichst, die du getan hast, kannst du dich tatsächlich von den schlechten fernhalten!

4. Sei echt

Und dann gibt es noch das Reale. In jeder Situation spielen deine Authentizität und Ehrlichkeit eine große Rolle beim Aufbau von Vertrauen und Überzeugung, die beide wichtig für jemanden sind, der versucht, die beste Version von sich selbst zu sein. Das ist es, was ihr tut, denn Integrität geht über ruhige, kühle Logik hinaus. Es geht um die großen Dinge wie Ethik und Fairness, und sie müssen ein Teil dessen sein, was man ist.

Liebe

Und schließlich sind wir wieder dabei, uns mit Liebe

oder Mitgefühl auseinanderzusetzen. Wir sprachen ein wenig darüber, wie wichtig Liebe und Mitgefühl sein können, wenn es um ständige Kommunikation geht. Wenn wir jemanden lieben, versuchen wir sicherzustellen, dass er das Beste für ihn bekommt. Die Liebe ist ein mächtiges Werkzeug. Es hilft uns nicht nur, die Situationen um uns herum besser zu verstehen, es ermöglicht uns auch, selbst besser zu sein. Wenn du jemanden liebst oder dich um ihn kümmerst, wirst du feststellen, dass du weniger wahrscheinlich verurteilend oder geschwätzig über ihn bist, was zwei der größten, die es in Bezug auf die Kommunikation nicht zu tun gibt.

Stell es dir so vor. Wenn du siehst, dass deine beste Freundin einen schreienden Anfall bekommt, würdest du weggehen und sagen: "Was für eine Drama Queen", oder würdest du eher anderen Leuten sagen, sie sollen sich zurückziehen, während du versuchst herauszufinden, was los ist und warum sie sich so verhält?

Wir stimmen über letzteres ab. Du siehst, dass die Liebe uns die Fähigkeit gibt, uns sofort zu verstehen, und das ist super wichtig, wenn du versuchst, jemandem etwas zu erklären oder wenn du versuchst, irgendeine Information zu liefern. Es gab vor ein paar Jahren einen amerikanischen Chirurgen, der viral wurde, weil er über DUI-Crashopfer gesprochen hatte. Er erklärte, wie er sich, bevor er den Eltern die schlechte Nachricht überbrachte, die Zeit nehmen würde, die Facebook- oder andere Social-Media-Seiten des Opfers zu durchsuchen, damit er sie mit mehr Liebe und Mitgefühl sehen konnte, als er erklärte, was mit den Eltern passiert war. Dies half ihnen bei der Verarbeitung ihrer Trauer.

Dieses Mitgefühl ist ein Element der Liebe, das es den Menschen erlaubt, in ihre Leistung zu investieren, was wir alle tun sollten!

Kryptonit beim Abliefern: Was man NICHT tun sollte

Wenn du sprichst und die Leute dir nicht zuhören, dann ist etwas sehr falsch an der Art und Weise, wie du sprichst. Warum sagen wir das? Nun, für den Anfang ist die menschliche Stimme ein kraftvolles Werkzeug, das in Verbindung mit nonverbalen Hinweisen so eingesetzt werden kann, dass es eine Vielzahl von Dingen bedeutet.

Die menschliche Stimme kann Kriege auslösen. Die

84

menschliche Stimme kann sie beenden. Wir können die Träume einer Person zerstören oder sie bauen. Gibt es wirklich etwas Stärkeres als die menschliche Stimme, wenn man sie richtig bedient?

Dieses erklärt uns automatisch eine Sache - wenn Sie kämpfen, um die Aufmerksamkeit Ihres Publikums zu halten, während Sie Informationen liefern, während Sie mit ihnen kommunizieren, tun Sie etwas falsch. Aber was?

Es gibt wahrscheinlich eine Million und eine Sache, die du getan hast, und es ist schwer zu erkennen, was die eine Sache ist, die das Publikum entfremdet. Aber es ist nicht schwer, eine Liste durchzugehen, um die gemeinsamen Faktoren zu erforschen, von denen bekannt ist, dass sie Kommunikationsbrüche verursachen, und dann herauszufinden, was wir falsch gemacht haben - richtig?

Also, lass uns das machen.

Hast du das Gefühl, dass du dazu bereit bist?

Oder hast du einfach zu viele Informationen aufgenommen, so wie sie sind? Es ist okay, wenn du es nicht bist. Machen Sie ein Nickerchen oder spielen Sie eine Runde Candy Crush - wir werden immer noch hier sein, wenn Sie zurückkommen. Aber wenn du bereit bist, stelle sicher, dass du mit einem frischen Geist zurückkommst, bereit, die gegebenen Informationen aufzunehmen und zu analysieren.

Bist du jetzt bereit loszulegen?

Fantastisch!

Jetzt geht's los!

1. Tratsch

Wenn du es mit jemandem zu tun hast, der klatscht, wie viel Bestand steckst du in das, was er sagt? Denke darüber nach. Vertraust du ihren Worten um jeden Preis? Lassen ihre Worte und Taten dich misstrauisch, und du bist dir nicht ganz sicher, wie viel von ihrer Meinung oder Aussage du glauben solltest, und du weißt nicht, wie viel gerade erfunden ist? Und was noch schlimmer ist, du weißt auch nicht, wie sehr du ihnen vertrauen kannst, denn eine Person, die über andere klatscht, würde auch über dich klatschen, sobald sie eine Chance hatte.

Klatsch ruiniert das inhärente Gewebe des Vertrauens, denn selbst wenn jemand über etwas Wahres in einer "klatschsüchtigen" Art und Weise spricht, willst du automatisch deine eigene Kommunikation mit dieser Person einschränken, weil du Angst hast, dass du ihr nächstes Ziel sein wirst. Wenn du stattdessen ein Anliegen hast und es vertreten möchtest, tue dies, ohne dem Betreffenden ein Urteil zu geben. Das Urteil ist hier das Kernproblem, und psychologische Studien zeigen, dass über 60 Prozent der Gespräche zwischen Erwachsenen über Klatsch und Tratsch handeln, und wenn über 60 Prozent der Zeit, in der man sieht, dass man ein Urteil fällt, wie wirkt sich das auf dich aus?

Verurteilen

Das nächste große "Nein, nein" ist die Beurteilung. Das Problem hier ist jedoch, dass wir alle voreingenommen sind. Ja, sogar du. Denke darüber nach. Jeden Tag, wenn du zum Joggen oder Einkaufen aus dem Haus gehst oder zur Arbeit gehst, siehst du vielleicht Hunderte, wenn nicht Tausende von Menschen um dich herum, und wenn du sie auch nur für den kürzesten Moment ansiehst, verurteilst du sie.

Jetzt kann das Urteil durch eine Vielzahl von Dingen ausgelöst werden, angefangen bei der eigenen Rasse, dem eigenen Outfit, der Art der Frisur, die sie haben, oder der Art der Brille, die sie tragen. In einem Bruchteil einer Millisekunde erfassen wir einen Haufen Informationen und legen sie dann in vorgegebene Schlitze. Wenn man nicht gut gekleidet ist, sind sie entweder ein Drogenabhängiger oder obdachlos, wenn man gut gekleidet ist, sie sind ein Teufelskerl, oder wenn man Asiate ist, sind sie gut in Mathe. Diese ständigen breiten Verallgemeinerungen mögen harmlos erscheinen, wenn man anfängt, sie in seinem Kopf zu machen, aber sie sind lähmend.

Eine großartige Methode, die viele Psychologen empfehlen, ist die DUAL-Methode.

Zuerst einmal, urteile nicht. Wenn du dich selbst verurteilen siehst, halte dich zurück und tadele dich selbst, sofort. Und obwohl es nicht immer einfach ist, alle Male, die wir verurteilt haben, identifizieren zu können, ist es wichtig, dass wir versuchen zu beobachten und zu verhindern, dass es passiert. Wenn du dich dabei erwischst, jemanden zu verurteilen, ersetze das Urteil durch Verständnis. Versuche, dich in sie hineinzuversetzen und zu verstehen, woher sie kommen. Wenn jemand obdachlos ist, bezeichne ihn nicht sofort als umsonst gut. Stell dir vor, mit welchen Schwierigkeiten sie konfrontiert sind, und führe nach Möglichkeit ein Gespräch. Gespräche helfen uns, viele der vorhergehenden Vorurteile zu überwinden, mit denen wir angesprochen werden, insbesondere wenn es um den rassischen Diskurs geht. Sobald du dein Bestes getan hast, um sie zu verstehen und was sie tun, gehe weiter zur Akzeptanz. Indem du eine Person annimmst, für die sie steht, anstatt zu versuchen, sie ständig zu ändern, um sie an deine Definition von akzeptabel oder normal anzupassen, öffnest du dich für das Konzept der Vielfalt. Sobald du das getan hast, wirst du es viel einfacher finden, nicht von Anfang an verurteilend zu sein. Um das Ganze zu beenden, brauchst du Liebe. Das ist nicht die romantische Art von Liebe, von der wir sprechen. Liebe bedeutet hier bedingungsloses Mitgefühl, wo man sich für einen Menschen fühlt und sich um ihn kümmert, unabhängig von seinen Unterschieden. Glaubst du, du kannst es versuchen?

Denke daran, es ist okay, es langsam anzugehen. Die Tatsache, dass du es versuchst, ist das Wichtigste von allem.

Negativität

Negativität ist wie virales Elend. Es erzeugt nicht nur mehr Negativität, sondern behindert auch den Fortschritt jeder positiven Emotion, die in seinem Bereich liegt. Warum sind wir dann immer so negativ? Warum können wir nicht übermäßig positiv sein wie Phoebe Buffay? Nun, weil unsere Biologie es nicht zulässt. Siehst du, unser Gehirn ist fest verdrahtet, um die Dinge in Form von Negativität zu sehen. Denn wir nehmen Negativität als Bedrohung wahr und versuchen, uns stärker zu engagieren, um uns dagegen zu wehren.

Schade, nicht wahr?

Ehrlich gesagt, mehr als du denkst, übersetzt Negativität sehr schlecht in der verbalen Kommunikation. Also, wenn du versuchst, jemanden dazu zu bringen, etwas zu tun, ihnen von all den schlechten Dingen zu erzählen, die passieren werden, wenn sie es nicht tun, ist es viel weniger effektiv, als ihnen von all den guten Dingen zu erzählen, die passieren würden, wenn sie es tun würden.

Wie können wir also von der Negativität wegkommen und mehr Raum für Positivität schaffen?

Nun, eine Möglichkeit ist es, an dem Vokabular zu arbeiten, das wir verwenden.

Beginnen wir mit einem kurzen Beispiel. Du bist für die Überwachung neuer Mitarbeiter zuständig, und einer von ihnen vermasselt ständig seine Arbeit. Anstatt sich auf die Fehler zu konzentrieren, die sie machen, und sie mit den Worten zu schelten: "Das ist der schlimmste Bericht, den ich mein ganzes Leben lang gesehen habe, was um alles in der Welt hast du dir dabei gedacht! Warst du überhaupt in der Schule?"

Versuchen Sie, das positiv zu sagen, wie: "Hey Brad, ich möchte etwas mit Ihnen besprechen. Hast du eine Minute Zeit? Ich bin den Bericht durchgegangen, den du mir geschickt hast, und ich fürchte, er entspricht nicht ganz den Unternehmensstandards. Ich lasse dir von Karen einen Musterentwurf schicken und würde es sehr begrüßen, wenn du den Bericht noch einmal machen könntest und ihn mir bis Freitag schicken würdest."

Der Grund, warum dies eine so bessere Option ist, liegt darin, dass du nicht nur mit Brad mitfühlst, sondern ihm auch hilfst, herauszufinden, warum seine Arbeit nicht den Standards entspricht, indem du ihm einen Musterentwurf zeigst. Du gibst ihm auch eine Frist, die wichtig ist, weil sie ihm zeigt, dass du, obwohl du es als Frage formulierst, es ernst meinst und du immer noch das Sagen hast.

Die Überwindung von Negativität ist nicht so schwer, wie es sich die Menschen vorstellen. Alles, was du tun musst, ist bereit zu sein, zuzugeben, dass es ein Problem ist, und du musst anfangen, etwas dagegen zu unternehmen. Das kannst du doch, oder?

Beschweren

Ein weiteres häufiges Problem, auf das du stoßen wirst, wenn du anfängst, Negativität in der Kommunikation anzusprechen, ist die Tendenz zur Beschwerde. Wenn du, wenn du sprichst, ständig Probleme hervorbringst, die du identifiziert hast, und während das an sich nicht problematisch ist, wie du sie ausdrückst.

Erinnere dich, wie wir gesagt haben, dass dein Gehirn verdrahtet ist, um auf das Negativ zu reagieren. Nun, einer der Gründe ist, dass du dich oft beschwerst. Wenn dein Verstand versucht, eine Lösung zu finden, und du sie zur Verfügung stellst, indem du dich beschwerst, dann lehrst du dein Gehirn, dass der Weg zur Lösung eines Problems darin besteht, dich zu beschweren. Das nächste Mal, wenn dein Gehirn ein Problem erkennt, geht es in den Autopiloten und - ja, du hast es, beschwert dich.

Und weißt du, was noch schlimmer ist? Forschungen der Stanford University haben gezeigt, dass Beschwerden dazu führen, dass Ihr Gehirn, genauer gesagt Ihr Hippocampus, schrumpft. Was wirklich schlimm ist, denn der Hippocampus ist der Teil deines Gehirns, der die ganze Problemlösung übernimmt!

Ausreden

Das nächste große Problem, das Ihre Fähigkeit, tatsächlich zu liefern, beeinträchtigt, wenn es um jede Form der Kommunikation geht, sind Ausreden. Jetzt gibt es einen deutlichen Unterschied zwischen

Erklärungen und Ausreden. Eine Ausrede ist wie eine Erklärung, die schief gelaufen ist. Auf der einen Seite hast du ein Problem ohne Lösung, und auf der anderen Seite hast du nicht einmal eine Erklärung oder ein Verständnis dafür, warum es passiert ist.

Wenn es darum geht, ein Führer oder Chef zu sein, können Ausreden sowohl der Glaubwürdigkeit eines Landes als auch der Moral der anderen Menschen um Sie herum extrem schaden. Wie vermeidet man es also, Ausreden zu finden? Für Starter ist das nicht die einzige Frage, die Sie stellen müssen - du musst fragen, wie du aufhören wirst, Ausreden zu finden und wie du deine Angestellten und andere, die Ausreden machen, stoppen kannst.

Was dich selbst betrifft, so musst du jedes Mal aufhören, wenn du eine Ausrede machst und versuchen zu beurteilen, was dich veranlasst, auf diese Weise zu reagieren. Was sind die Fakten, wovor hast du Angst, und warum hast du Angst davor?

Sobald Sie es schaffen, all das durchzugehen, werden Sie feststellen, dass es oft sehr triftige Gründe gibt, warum etwas passiert ist. Wenn es keinen triftigen Grund gab, dann stehen die Chancen gut, dass du es mit einer Art Mangel in dir selbst zu tun hast. Hast du gezögert? Warst du ineffizient? Was war das Problem?

Schränke das Thema ein und mach dann von da aus weiter. Sobald du das Problem identifiziert hast, musst du nun einen Weg finden, es zu lösen. Wenn du gezögert hast, musst du einen Weg finden, es zu vermeiden. Verwende eine festgelegte Routine oder lass dich von jemandem zur Verantwortung ziehen. Der wichtigste Punkt ist, proaktiv an der Korrektur des Problems beteiligt zu sein.

Sobald du es geschafft hast, das zu tun, bist du bereit zu gehen! Aber warte mal, du hast das Problem für dein Publikum noch nicht gelöst. Wie hindert man sie daran, Ausreden zu finden? Eine Technik, die im Allgemeinen gut mit Kindern und Mitarbeitern funktioniert, ist es, ihnen Raum für Fehler zu geben und ihnen zu helfen zu verstehen, dass an Fehlern nichts falsch ist. Du wirst dann eher mitteilsamer werden und dich dafür entscheiden, Probleme aktiv auszudrücken, anstatt sie zu verstecken oder Ausreden zu finden.

Zuerst musst du deine eigene Tendenz, Ausreden zu finden, beheben und das dann weiterverfolgen, indem du den Leuten, mit denen du sprichst, zeigst, dass das Gleiche für sie gilt.

Dogmatismus

Du weißt, wie man sagt, dass das Gespräch mit einigen

Leuten dasselbe sein kann wie das Gespräch mit einer Mauer? Ja, diese Leute - jeder kennt einen von ihnen, und offen gesagt, wenn man es nicht tut, stehen die Chancen gut, dass man diese Person ist. (Sorry!)

Nun, die offizielle Definition des Dogmatismus ist einfach - es ist eine Tendenz, Regeln für Begriffe aufzustellen, die als unbestreitbare Tatsache wahrgenommen und gefördert werden, ohne Rücksicht auf die Berücksichtigung oder Meinungen anderer.

Einfach ausgedrückt, ist es die Idee, dass du immer Recht hast, bis zu dem Punkt, an dem du niemandem mehr zuhören kannst.

Dogmatismus ist offensichtlich ein Problem. Aber ich glaube nicht, dass einer von uns wirklich weiß, wie groß das Problem ist, bis die ganze Familie zum Abendessen zu Hause ist, und du hast diesen einen Onkel, der seine dogmatischen Meinungen in die Kehle schiebt. Jawohl, man hat It-Politik und Religion und all die theologischen Debatten, zu denen jeder persönliche Ansichten hat, rücken plötzlich in den Mittelpunkt.

Seit Jahren versuchst du, diese Probleme durch eine Kombination aus Ablenkung und superschnellen Ninja-Fähigkeiten zu lösen, um deine geistige Gesundheit zu erhalten, aber jetzt, da du älter und weiser bist, willst du wahrscheinlich eine konkretere Lösung haben. Du kannst nicht mehr mit deiner Schwester heiße Kartoffel spielen, um die Leute abzulenken.

Also, was ist die Lösung?

Nun, es gibt mehrere verschiedene Dinge, die du tun kannst, um bei diesem Problem zu helfen, aber lass uns zuerst versuchen, den Dogmatismus zu beseitigen, den du hast. Schließlich bist du hier der Kommunikator, und deine Handlungen werden sich im Publikum widerspiegeln.

Erstens, bemühe dich, dich auf Gemeinsamkeiten zu konzentrieren. Egal wie unterschiedlich der Denkprozess einer Person ist, es sei denn, Sie haben es mit Ed Gein und seiner Neigung zum Skinsuit zu tun, die Chancen stehen gut, dass du in der Lage sein wirst, eine gemeinsame Basis zu finden. Darauf musst du dich konzentrieren.

Nun, sagen wir, du gehörst zu einer katholischen Kernfamilie und bringst deine muslimische Freundin zum Abendessen mit. Dein Vater beginnt zu predigen über die Kernprinzipien des Christentums und wie es die eine wahre Religion ist. Wie gehst du damit um?

Warum probierst du nicht etwas Grundsätzliches, wie

z.B. zu sagen: "Papa, wusstest du, dass der Islam auch eine abrahamitische Religion ist, und sie betrachten Christus auch als einen Propheten"?

Indem du eine Gemeinsamkeit zwischen den beiden angeblich gegnerischen Gruppen hervorbringst, zwingst du deinen Vater, zu erkennen, dass es eine gemeinsame Basis gibt. Deine Aufgabe ist es dann, darauf aufzubauen und weiter darüber zu sprechen, dass die beiden Religionen auch andere Gemeinsamkeiten haben.

Es ist cool, woher du das wusstest, oder? Aber wie stellst du sicher, dass du immer weißt, wie es geht? Nun, du wirst es nicht immer wissen, aber du kannst die Wahrscheinlichkeit viel erhöhen, indem du den Kreis der Menschen, mit denen du dich vermischst, erweiterst und dich verschiedenen Perspektiven aussetzt. Aber das Wichtigste ist, all das mit Respekt zu tun. Denke daran, dogmatische Menschen sind fast immer super launisch und arrogant. Wenn du dich darauf konzentrierst, zu gewinnen und es ihnen ins Gesicht zu reiben, anstatt ihre Gedanken zu respektieren, während du sie zu einem anderen führst, wirst du mehr Schaden als Gutes anrichten. Denke also immer daran, sanft und freundlich zu sein, auch mit deinen Worten. Schließlich wirken sich Ihre Worte aus.

Übertreibung

Weißt du, was du sonst noch vermeiden musst?

Verzierungen. Ich meine, wir verstehen vollkommen, dass es ziemlich verlockend sein kann, einer Geschichte ein wenig Würze hinzuzufügen, um sie vielleicht ein wenig erschreckender oder lustiger zu machen. Aber diese Tendenz zur Übertreibung könnte in deinem Verstand verwurzelt sein und dich dazu bringen, jedes kleine Problem so weit zu übertreiben, dass du so tust, als würde die Welt untergehen.

Ich weiß, was du denkst. Es ist ja nicht so, dass du damit etwas meinst. Du machst nur Spaß oder machst einen Punkt, richtig? Nun, wie dem auch sei, jedes Mal, wenn du das tust, schaffst du unnötigen Stress auf deinen eigenen Geist und deine eigene Seele, und das wiederum beginnt sich in deinem Bewusstsein zu verankern. Das bedeutet, dass man irgendwann anfängt, es zu glauben!

Wie vermeidet man das Überschreiten dieser Grenze?

Versuche zunächst, die folgenden drei Dinge zu vermeiden:

1. Überverallgemeinerung

2. Weltuntergangsstimmung

3. Zu den Schlussfolgerungen springen

Bei der ersten ist die Logik einfach; je mehr du verallgemeinerst, desto mehr konzentrierst du dich auf die Negativität. Wenn dir etwas Schlimmes passiert und du dann folgst, indem du dir selbst sagst, dass dir schlimme Dinge "immer" passieren, und dann fängst du an, es zu glauben. Diese Art von verzerrtem Denken ist der Schlüssel zu negativen Gedanken, und wir versuchen, diese zu vermeiden, erinnern Sie sich?

Nun, auf Platz zwei, "Weltuntergangsstimmung" ist, wenn man jedes kleine Problem so darstellt, als wäre es das Ende der Welt, als würde man sich sagen, dass man nach einer schlechten Trennung nie wieder glücklich sein wird. Schau, schlechte Dinge passieren, und niemand sagt, dass es nicht schlecht ist, aber du musst in der Lage sein zu erkennen, was das Verhängnis auslöst und was zwei Flaschen Whiskey und ein schlechter Schrei sind.

Und schließlich hast du das ganze Problem, voreilige Schlüsse zu ziehen. Im Allgemeinen ist dies ein Nebenprodukt von überverallgemeinertem und dogmatischem Denken. Weil du dir so sicher bist, dass du Recht hast, und du hast deine Fakten bereits übertrieben, um sie deiner Erzählung anzupassen, kommst du jetzt auch zu Schlussfolgerungen, die zu dieser Erzählung und deinem bevorstehenden Gefühl der Katastrophe passen. Es ist wie ein Teufelskreis. All diese schlechten Gewohnheiten ernähren sich gegenseitig, und du lässt es zu!

Lügen

Schließlich hast du es mit Lügen zu tun, und vertrau mir, wenn ich sage, dass dies das Schlimmste ist, was du bei jeder Form von Kommunikation tun kannst. Jetzt reden wir nicht über Lügen wie "Babe, natürlich hast du nicht zugenommen!" Wir reden über das hässliche Zeug, das im Moment vielleicht unbedeutend erscheint, aber auf lange Sicht extrem schädlich ist - wie z.B. "Nein, ich wurde durch das, was du gesagt hast, nicht verletzt". "Ja, ich bin froh zu gehen, und es macht mir nichts aus, meinen Job aufzugeben, um dir zu folgen." - Du kennst die schweren Sachen.

Lügen ist besonders gefährlich, denn wenn man es zufällig mit jemandem zu tun hat, der zufällig auch lügt, wird man nicht herausfinden können, wann man es mit der Wahrheit zu tun hat und wann nicht - was problematisch ist. Es ist aber viel schlimmer, wenn man derjenige ist, der lügt. Wenn dein Unternehmen in Lügen verstrickt wird, richtest du dich effektiv auf das Scheitern ein. Denke an Komen für die Heilung, die ein Unternehmen war, das behauptete, seine Mission sei es, Leben zu retten und Brustkrebs für immer zu beenden. Das Unternehmen erlitt später einen Verlust von fast hundert Millionen Dollar, als sich herausstellte, dass sie mit krebserregenden Produkten verbunden waren. Und man darf nicht vergessen, dass verlorenes Vertrauen fast unmöglich wiederherzustellen ist!

Sei klug - lüge nicht!

Bist du auf dem richtigen Weg?

Also, jetzt, da du alles andere als fertig bist und ein tiefes Verständnis dafür hast, womit sich Good Delivery beschäftigt, möchtest du ein paar kurze Fragen durchgehen, um sicherzustellen, dass du auf Kurs bist?

Toll!

Erstens, identifizierst du deine Zielgruppe? Denkst du daran, zu wissen, wer deine Zielgruppe ist, ist der Schlüssel, um sicherzustellen, dass du die richtige Methode der Lieferung verwendest?

Zweitens, bist du höflich? Denkst du daran, Höflichkeit

ist ein Grundbedürfnis nach effektiver Kommunikation, was bedeutet, dass du, wenn du nicht nett bist, die Chancen hast, nicht das bekommen wirst, was du willst!

Drittens, machst du die ganze Überverallgemeinerungssache wieder? Ja? Das muss sofort aufhören. Du wirst nirgendwo hingelangen, wenn deine Geschichte nur flau und ohne Substanz ist.

Viertens, bist du objektiv? Menschen fällt es schwer, objektiv oder neutral zu sein, wenn es um Themen geht, die ihnen sehr am Herzen liegen, und deshalb ist es sehr wichtig, dass Sie als Kommunikator bewusst Verzerrungen vermeiden. Denke daran, dass ein guter Kommunikator Ideen und nicht Meinungen vermittelt.

Und fünftens, schweigen Sie oder Ihr Publikum? Was bedeutet das? Nun, Stille ist eine lustige Sache. Es kann bedeuten, dass du so engagiert bist, dass du aufmerksam zuhörst. Auf der anderen Seite kann es eine Form von aggressivem emotionalem Missbrauch sein, was wirklich schlimm ist - wie kann man den Unterschied herausfinden?

Zuerst sollte geprüft werden, ob es ein Muster gibt. Liegt es daran, dass ihnen die Worte ausgegangen sind, oder liegt es daran, dass du ziemlich unerbittlich sein kannst, wenn du kommunizierst und Menschen dazu bringst, sich abzuschalten, wenn sie versuchen, mit dir zu reden? Wenn du es nicht bist, dann musst du einen Weg finden, deinen wichtigen anderen wissen zu lassen, dass das, was sie tun, brutal und nicht okay ist.

Zuerst werden Sie aggressiv sein wollen, aber der beste Weg, damit umzugehen, ist, ein ruhiges, vernünftiges Gespräch zu führen, ihnen zu zeigen, dass du nicht gegen sie ankämpfst und bereit bist, angesprochen zu werden und dieses Problem lösen zu wollen.

To-Do Drills - Ihre OFFIZIELLEN Handlungsgegenstände

Wir sind offiziell fertig mit all dem, wie und was bedeutet, dass wir bereit sind, zum proaktiveren Teil des Programms überzugehen. Die Lieferung ist ein aktiver Prozess, und der einzige Weg, wie du sicherstellen kannst, dass du deine Lieferung verbessern kannst, ist, wenn du anfängst, diese Probleme in deine tägliche Routine aufzunehmen und sie proaktiv zu üben, bis du sie im Griff hast.

Bereit?

Da die Lieferung ein so breites Thema ist, werden wir etwas mehr als fünf Aktionspunkte durchführen - keine Panik, aber du musst sie nicht alle auf einmal machen! Du kannst sie langsam in deine Routine integrieren, aber denk daran, dass dies nur Richtlinien sind. Die theoretische Anwendung und die tatsächliche Anwendung werden sich unterscheiden, also zögern Sie nicht, die Dinge nach Ihren Wünschen anzupassen!

Jetzt geht's los!

1. Behalte die Kernaussage bei

Es ist leicht, sich versehentlich vom zentralen Thema zu entfernen, besonders wenn man es mit einem breiten, allgemeinen Thema zu tun hat. Die meisten Themen beziehen sich auf ein allgemeines Thema mehr als auf ein tatsächliches Ereignis oder einen Punkt, und es liegt an dem Kommunikator, sicherzustellen, dass seine Botschaft die Art von Informationen enthält, die das Publikum erhalten muss. Also mach dich klar und halte dich an eine Kernbotschaft!

2. NICHT MEHR als 3 unterstützende Argumente einbauen

Allerdings wird keine Diskussion von einem Punkt allein getragen. Das Beste, was du tun kannst, ist, drei Punkte in die engere Wahl zu nehmen, von denen du glaubst, dass sie dein Argument oder Thema unterstützen, und sie zu nutzen, um die Botschaft aufzubauen, die du präsentieren möchtest.

Denke nur daran, dass du dich nicht für eine Überladung von Informationen interessierst - drei Punkte sind mehr als genug!

3. Sei freundlich und taktvoll, wenn du sprichst

Ein weiteres offensichtliches kleines Action Item ist es, an deiner Freundlichkeit zu arbeiten. Wir haben schon einmal über die Bedeutung von Freundlichkeit gesprochen und werden dies im folgenden Kapitel noch einmal tun. Denke daran, dass es eine Schlüsselrolle bei der Art und Weise spielt, wie deine Nachricht empfangen wird, und als solche nicht übersprungen werden kann.

4. Halte deinen Kreislauf in Schwung

Eine andere Sache, die viele gute Kommunikatoren tun, ist zu gehen oder zu bleiben, während sie präsentieren, was sie sagen. Die konstante Bewegung hilft dem Blut, weiter zu fließen und dem Publikum, sich nicht zu langweilen, da sie dazu neigen, einen Großteil Ihrer Aktivitäten mental zu verfolgen.

5. Nutze Stützen

Nebenbei bemerkt, solltest du immer versuchen, die Requisiten griffbereit zu halten. Eine Requisite ermöglicht es dir, dich mit etwas zu beschäftigen, während du sprichst, und das hilft, bestimmte Momente deiner Rede in den Kopf deines Publikums zu integrieren.

6. Immer den Augenkontakt halten

Augenkontakt ist ein weiterer wichtiger Faktor, auf den du nicht verzichten kannst. Es sagt deinem Publikum, dass du spezifisch zu ihm sprichst und das wiederum hilft dir, eine Verbindung zu deinem Publikum aufzubauen.

7. Halte dich kurz, aber vollständig

Und schließlich ist Ihr letztes Aktionselement für dieses Kapitel, sicherzustellen, dass die Rede oder die beabsichtigte Kommunikation so kurz und bündig wie möglich abgeschlossen ist. Denke daran, dass unsere Aufmerksamkeit nur so lange dauert, und ein Kommunikator wird das Gespräch beenden, bevor wir eine mentale Wanderung machen können.

Verstanden?

Super!

Geh jetzt und übe!

Kapitel Drei: Mit Empathie umgehen

"Wenn du tiefes Einfühlungsvermögen gegenüber anderen zeigst, sinkt ihre defensive Energie und positive Energie ersetzt sie. Dann kann man kreativer bei der Problemlösung werden." -Stephen Covey

Hast du jemals versucht, das Wort zu verstehen, Empathie?

Als ob man wirklich versucht, es zu verstehen.

Nein, versuche nicht nur, es in einem Satz zu verwenden. Ja, wir wissen, dass es ein Adjektiv ist.

Aber was bedeutet das?

Wie sieht Empathie aus? Wie greifbar ist es? Was sind die Faktoren, die es ausmachen?

Das sind eine Menge Fragen, nicht wahr?

Lassen Sie uns dieses gesamte Verhör eine Stufe zurücknehmen und auf die erste Frage zurückkommen, die wir gestellt haben - was bedeutet

"Empathie"?

Mit einem Wort? Empathie bedeutet "erleben". Kennst du das alte Sprichwort: "In den Schuhen eines anderen laufen?" Es bedeutet, sie für den Tag zu sein, damit du sehen, hören, fühlen und denken kannst, wie sie es tun. Empathie ist das Gleiche.

Empathie bedeutet, sich so zu fühlen, als ob man sie wäre - wütend zu sein, wenn sie wütend sind, traurig zu sein, wenn sie traurig sind, nicht mit ihnen Mitleid zu haben (das ist Sympathie).

Es ist einfach, sich wirklich vorzustellen, wirklich, wirklich egozentrisch und egoistisch zu sein - das ist keine Empathie.

Nun, stell dir das Gegenteil vor. Stelle dir vor, du bist freundlich und mitfühlend, betrachtest, was jemand durchmacht und denkst aus ihrer Perspektive darüber nach. Das ist Empathie.

Der Grund, warum Empathie so wichtig ist, liegt jedoch darin, dass Empathie es dir ermöglicht, mit Flexibilität oder Anpassungsfähigkeit zu kommunizieren. Da Empathie es erlaubt, in die Fußstapfen einer anderen Person zu treten, können empathische Kommunikatoren wiederum dieses neu gewonnene Wissen nutzen, um den Umgang mit der

Person vor ihnen zu gestalten.

Es ist wie bei einem "Deine Mutter"-Witz, nur um später herauszufinden, dass die Person, der du diesen Witz erzählt hast, letztes Jahr ihre Mutter verloren hat - automatisch erkennt dein Gehirn, dass dieser Witz in diesem speziellen Kontext völlig unangebracht war.

Diese Erkenntnis, auch wenn sie in diesem Fall zugegebenermaßen etwas spät ist, ist einfühlsam. Wie du am Ende dieses Kapitels sehen wirst, ist Empathie ein Schlüsselbestandteil jeder Kommunikation, nicht nur, weil sie hilft, weniger Reibung zu erzeugen, sondern vor allem, weil sie es dir ermöglicht zu verstehen, dass der Wert jeder Kommunikation auf ihrem Kontext und nicht auf der Kommunikation selbst basiert. Sich selbst einen Drink einzuschenken, macht nur Sinn, wenn man ihn in einen Behälter irgendeiner Art gießt. 50-jährigen Scotch auf den Bürgersteig zu gießen, während man nach Hause geht, ist nur eine Verschwendung. Selbst wenn du also die gleichen Worte oder die gleichen Handlungen verwendest, bedeutet deine Kommunikation verschiedene Dinge, wenn sie auf verschiedene Bereiche oder Personen angewendet wird.

Die Bedeutung und der Wert von Empathie stehen natürlich nicht zur Debatte, aber es gibt noch einige andere Fragen, die wir verstehen müssen. Wie entwickelt man Empathie? Ist es natürlich? Wie bindet sie sich in die gemeinsame Identität ein und wie wenden wir sie an? Woraus besteht es? Wann tritt es in Kraft? Wann ist Empathie von besonderer Bedeutung?

Und plötzlich sind wir wieder bei den 101 Fragen. Lass uns eine nach der anderen angehen.

Bereit?

Hole dir dein Popkorn. Jetzt geht's los!

Natürliche Formen der Empathie

Zuerst versuchen wir herauszufinden, wie Empathie in unseren Alltag passt.

Lass dich nicht täuschen. Empathie ist nicht nur eine große Blase von Dingen. Es besteht eigentlich aus zwei wichtigen einfühlsamen Faktoren, die sich zu dem zusammenfügen, was wir allgemein als Empathie bezeichnen.

Bevor wir jedoch zu all dem kommen, müssen wir in der Lage sein, zwischen Empathie und Sympathie zu unterscheiden. Stell es dir so vor. " Du kaufst bei Target ein und triffst auf ein Etikett, auf dem steht: "Made in China". Dieses erinnert dich an einen Nachrichtenartikel, den du vor einigen Wochen gesehen hast, wo sie über die schrecklichen Arbeitsbedingungen in chinesischen Sweatshops sprachen. Plötzlich bist du von Trauer überwältigt; du fühlst dich schlecht für die Menschen in den Ausbeuterbetrieben. Dies ist KEINE Empathie. Du tust ihnen leid; du fühlst dich in ihrem Namen schlecht. Das ist Mitgefühl.

Empathie ist, wenn man darüber nachdenkt, wie es sich anfühlt, sie zu sein, ein Arbeiter in einem Ausbeuterbetrieb, der weniger als drei Dollar pro Tag für über zwölf Stunden Arbeit bezahlt bekommt. Diese besondere Form der Empathie wird als emotionale Empathie bezeichnet - du fühlst, wie die andere Person fühlt.

Emotionales Einfühlungsvermögen kann sich auf eine von zwei Arten entwickeln. Eine Möglichkeit besteht darin, das zu spüren, was sie fühlen, wobei das Schlüsselelement die Aufmerksamkeit ist. Je mehr du aufpasst, desto besser wirst du dich mit der anderen Person verbinden können, und zwar dann, wenn du "rapport" aufbaust. Diese Form der konnektiven Empathie wird gemeinhin als soziales Empathie bezeichnet und ist in allen Beziehungen von großer Bedeutung, vor allem aber, wenn man auf ein gemeinsames Ziel hinarbeitet. Soziale Empathie funktioniert am besten, wenn sie von empathischer Sorge begleitet wird, die der proaktivere Teil der Empathie ist. Deine Beziehung und Konnektivität mit der Person löst ein Bedürfnis aus, etwas dagegen zu unternehmen. Das könnte etwas so Einfaches sein, wie sie zu einer Tasse Tee zu machen und ihnen zuzuhören oder jemanden in ein Krankenhaus zu bringen. Das ist wirklich alles, was es braucht, denn im Kern ist die Grundlage des empathischen Anliegens die Verbindung von Gefühlen und Handlungen.

Die zweite Art von Empathie ist die kognitive Empathie, die sich tendenziell hauptsächlich um das Bewusstsein dreht. Du musst nicht fühlen, wie eine andere Person fühlt, um kognitives Mitgefühl zu haben. Alles, was du wirklich tun musst, ist, in der Lage zu sein, wie sie zu denken. Es ist, als wüsste man, was eine andere Person mögen wird. Sagen wir, du magst Vanilleeis und dein Partner Erdbeere. Sie müssen Erdbeereis nicht mögen, um zu wissen, dass er, wenn er einen Milchshake bekommt, wahrscheinlich einen mit Erdbeergeschmack bevorzugen würde.

Die Kombination der beiden Arten von Sympathie ermöglicht eine erstaunlich fließende Kommunikation.

Warum?

Denn jetzt denkt ihr nicht nur wie die Person, mit der ihr sprecht, und deshalb, wenn ihr versteht, woher sie kommen, fühlt ihr auch, wie sie sich fühlen, und handelt auf dieser Grundlage. Je stärker deine empathischen Fähigkeiten sind, desto stärker werden deine Beziehungen sein!

Absolut umwerfend, nicht wahr?

Gemeinsame Identität und Kommunikation

Der Grund dafür, dass Empathie in der Kommunikation hoch und niedrig gepredigt wird, liegt darin, dass Empathie den Kurs von fast allem ändern kann. Eine gut formulierte Aussage oder ein freundliches Nicken kann der Unterschied sein, ob man einen Job behält oder auf der Suche nach Freundlichkeit weggeht, und manchmal kann es sogar der Unterschied zwischen Leben und Tod sein.

Empathie spielt hier eine aktive Rolle, denn Empathie schafft entweder ein Gefühl der gemeinsamen

Identität, indem man den Menschen, mit dem man kommuniziert, als einen eigenen behandelt oder indem man ihn als "ähnlich" oder "ähnlich" identifiziert und eine Art mentale Verwandtschaft bildet. Das Fehlen von Empathie hingegen schafft alternativ ein Gefühl von "Andersartigkeit", wenn man den Einzelnen nicht als Teil seiner Gruppe betrachtet und ihm als solchen nicht so sehr vertraut.

Es ist im Grunde genommen ein Gefühl von "uns" gegenüber "ihnen".

Bevor wir zu etwas anderem übergehen, möchte ich, dass Sie versuchen, fünf wichtige Fälle zu identifizieren, in denen du diese Art der Gruppierung im modernen Leben bemerkt hast.

Beginnen wir mit deinem eigenen Leben. Spul ein wenig zurück und nimm dich zurück auf die High School. Wer warst du? Du warst entweder ein cooles Kind oder nicht. Hier war die Unterscheidung klar. Die coolen Kinder, die Jokes, die Cheerleader usw. schienen alle eine Gruppe zu bilden. Jeder, der nicht zu dieser Rechnung passte, wurde automatisch in die Outgroup sortiert.

Die traurige Sache ist - wir wachsen nie wirklich aus der High School heraus, also in der Gruppe, Out-Group-Konzepte neigen dazu, überall zu übernehmen.

Wenn du im Kundenservice arbeitest, dann ist es das Standpersonal im Vergleich zum Management. In der Politik sind es Demokraten gegen Republikaner. Wenn es an der Universität ist, sind es Abteilungen gegeneinander. Die Liste der kleinen internen Kämpfe ist unendlich, ebenso wie die Auswirkungen dieses Konzepts der gemeinsamen Identität auf die Kommunikation.

Betrachten wir jede Seite einzeln.

Kommunikation in IN-Gruppen und OUT-Gruppen

Die Kommunikation innerhalb der Gruppe ist einfach. Da Einzelpersonen dazu neigen, eine Verbindung oder eine Bindung zu einer anderen Gruppe von Menschen zu spüren, neigen sie dazu, sie vertrauenswürdiger zu finden, und die Kommunikation zwischen Gruppenmitgliedern wird besser aufgenommen und als mehr Aufmerksamkeit wert angesehen.

Im Gegensatz dazu ist ein Gespräch in einer Gruppe wie eine geschmacklose Medizin, weil wir es nicht wollen. Wir entfernen uns davon, damit die Informationen nicht in vollem Umfang erfasst werden, und selbst wenn sie den Willen haben, dafür zu sorgen, dass sie perfekt befolgt werden. Das Gefühl der Distanz ist es, das die Kommunikation zum Scheitern bringt, und es verursacht auch einen wahrgenommenen Rückgang der Kommunikationsqualität. Nicht nur, dass du Anweisungen nicht befolgen willst, auch dein Gehirn rechtfertigt dies, indem es dir sagt, dass die Anweisungen schwieriger sind.

Die Positivität, mit der die Kommunikation in der Gruppe wahrgenommen wird, ist daher entscheidend für ihre Wirkung. Deshalb wollen die weißen Amerikaner der unteren Mittelschicht eher einen weißen Präsidentschaftskandidaten, der in einfachen Sätzen spricht, im Gegensatz zu einer gut ausgebildeten Person der Farbe, deren politische Politik für diese Klasse von Menschen tatsächlich vorteilhafter ist.

Also, kurz gesagt, wir brauchen Empathie. Ohne sie liefern wir eine minderwertige Kommunikation, die vielleicht nicht kritisch erscheint, wenn du ein Marketingteam bist, das sich mit Product Placement beschäftigt, aber super wichtig ist, wenn du ein Arzt bist, der die Krankengeschichte eines Patienten aufnimmt.

Empathie kultivieren

Wir wissen, dass Empathie großartig ist und so weiter, aber kommen wir zum Kern der Sache. Wie schaffen wir Empathie?

Um zu beginnen, musst du etwas langsamer werden und zu dem zurückkehren, worüber wir ein wenig früher gesprochen haben. Erinnerst du dich, als wir sagten, dass es zwei Arten von Empathie gibt? Und die eine beschäftigte sich mit Gedanken, die andere mit Gefühlen und Handlungen?

Nun, fangen wir diesmal mit Gedanken an. Um Empathie zu kultivieren, musst du in der Lage sein, zuerst die Perspektive zu erkennen und anzuwenden. Dies wird als **Attribution** bezeichnet. Die Fähigkeit, dies zu tun, ermöglicht es Einzelpersonen, schnell Informationen aufzunehmen, die für die Situation oder das Publikum relevant sind, und zu berechnen, wie sie ihre Botschaft am besten vermitteln können, so dass sie beim Publikum ankommen.

Damit kommen wir zur **Unterkunft**, die das Einzige ist, was wir hier übersehen haben - der konkrete Ausdruck des Elements Pflege. Stell es dir so vor. Zu wissen, was eine andere Partei braucht oder hören will, ist eine Sache, aber die eigene Herangehensweise zu ändern, um Platz für diese Bedürfnisse zu schaffen, um auf diese Bedürfnisse einzugehen, das ist etwas anderes. Das ist Unterkunft.

Profitipp: Wenn du versuchst, deine Empathie bewusst zu verbessern und dir nicht sicher bist, wie, dann weißt du das - die beiden Dinge, die die Empathie-Exposition und ein ausgezeichnetes Vokabular deutlich erhöhen.

Wie?

Ein gutes Vokabular gibt dir mehr Spielraum, wie du deine Gespräche aufbauen kannst. Je mehr Sprachen du kennst, je besser du dein Verständnis für andere Kulturen verstehst und je mehr Wörter du über deine eigene Sprache kennst, desto besser wird deine Fähigkeit sein, deine Gedanken zu vermitteln.

Die Exposition hingegen ist aus offensichtlichen Gründen wichtig. Je mehr du dich mit Menschen vermischt und je mehr du reist, desto mehr kannst du deine Fähigkeiten üben. Im Gegensatz zum Volksmund ist Empathie nicht in allen Sprachen und Kulturen gleich. Was in dem einen als einfühlsam empfunden werden kann, wäre mit anderen sympathisch. Du musst dir selbst die Möglichkeit geben, zu sehen und zu lernen, was Empathie in verschiedenen Kulturen bedeutet und entsprechend zu handeln!

Empathische Kommunikation im Alltag aufbauen

Es reicht nicht aus, nur zu verstehen, dass Mitgefühl wichtig ist, oder die Grundstruktur herauszufinden, wie man künstliches Mitgefühl schafft. Wir kommunizieren jeden Tag mit so vielen verschiedenen Menschen aus so vielen verschiedenen Lebensbereichen, dass wir meistens vergessen, dass es bestimmte Ziele gibt, die unsere Kommunikation erreichen muss.

Wir müssen sicherstellen, dass wir bei der Kommunikation in einer Weise vorgegangen sind, die verstanden wird. Einfach zu sprechen und wegzugehen, ohne zu bemerken, ob der Empfänger der Informationen in der Lage war, das, was wir gesagt haben, aufzunehmen oder zu verarbeiten, ist nicht effektiv. Ebenso wenig ist die Kommunikation beeinträchtigt, die entweder durch eine schlechte Ausführung von Anweisungen oder durch die persönlichen Einschränkungen des Subjekts, dem die Anweisungen erteilt werden, verursacht wird.

Wenn wir nicht sehen können, wie unsere Kommunikation von den Personen wahrgenommen wird, mit denen wir zu kommunizieren versuchen, und wie sie reagieren oder wahrscheinlich individuell darauf reagieren werden, haben wir keine empathische Kommunikation.

Eine einfache Möglichkeit, dies zu vermeiden, ist die Arbeit an fünf Lektionen über Empathie, die helfen, deine Reise mit Empathie auf Kurs zu halten.

Lektion eins: Kontextbasierte Adaption

Die erste Lektion, die du lernen musst, ist, dass Empathie subjektiv ist. Wie wir bereits erwähnt haben, verändern sich die Art und das Konstrukt dessen, was als Empathie bezeichnet wird, je nach den Umständen, in denen man sich befindet, und müssen daher kontinuierlich an die Umgebung angepasst werden.

Diese Art der Anpassung kann sich auf eine Vielzahl von Dingen beziehen. Es kann sich auf Wörter beziehen, die du verwendest oder sogar darauf, wie du sie verwendest.

Lass uns das an einem Beispiel verdeutlichen.

Nehmen wir an, du bist der Vater von zwei Kindern, Jake im Alter von 5 Jahren und einem Mädchen namens Jessie, das 4 Jahre alt ist. Jetzt haben Jake und Jessie drastisch unterschiedliche Persönlichkeiten. Jake ist gehorsam und liebevoll, aber leicht erschreckt. Jessie ist egoistisch, gierig und neigt dazu, sich auszuleben, wenn sie sich nicht durchsetzen kann.

Du musst beide Kinder zum Arzt bringen, um ihre Grippeschutzimpfungen zu bekommen, aber du bist dir nicht sicher, wie das geht, da Jake wahrscheinlich anfangen wird, in Angst zu weinen und Jessie wahrscheinlich anfangen wird, einen Anfall zu bekommen, der es noch schwieriger machen wird, mit beiden von ihnen umzugehen. Wie nutzt man als Elternteil Empathie, um effektiv mit den Kindern so zu kommunizieren, dass man sie dazu bringen kann, die Aufnahme zu machen?

Das erste, was Sie tun müssen, ist, den Kontext zu verstehen - mit wem sprechen Sie? Kinder, richtig? Sind sie in der Lage, den medizinischen Mumbo Jumbo zu verstehen? Es sei denn, Jake ist heimlich Sheldon Cooper, wahrscheinlich nicht, was bedeutet, dass medizinische Gespräche kein effektiver Weg sein werden, um mit dieser Situation umzugehen.

Okay, jetzt konzentrieren wir uns auf jedes Kind

einzeln. Jake ist liebevoll und neigt dazu, sich aufzuregen, wenn seine Schwester verletzt ist oder wenn du, die Eltern, Schmerzen hast. Da seine Schwäche die Angst ist, wäre ein einfühlsamer Umgang damit, ihm einen Weg zu geben, sie zu überwinden. Erkläre Jake, dass er, weil er ein großer, mutiger Junge ist, mit dir und Jess zum Arzt kommen muss, damit der Arzt ihm etwas geben kann, das ihm, Jess und dir hilft, vor Schaden zu bewahren. Die Idee, die Menschen, um die er sich kümmert, vor Schaden schützen zu können, würde seine natürliche Angst ideal ausgleichen und Ihnen helfen, ihn mit minimalem Aufwand zum Arzt zu bringen.

Leider wird dieselbe Technik bei Jess wahrscheinlich nicht funktionieren, da sie und Jake drastisch unterschiedliche Persönlichkeiten haben. Probiere stattdessen, eine mehr auf Bestechung basierende Technik zu verwenden, um mit ihr umzugehen. Da Jessie materialistischer ist, benutze das, um sie zu zwingen, sich angemessen zu verhalten. Identifiziere etwas, das sie will, wie Süßigkeiten oder ein Spielzeug, und sage ihr, dass, wenn sie den ganzen Termin übersteht, ohne einen Wutanfall zu bekommen, du sie mitnehmen wirst, um das zu bekommen, was sie will, und voila! Problem gelöst!

Lektion zwei: Hinter den Kulissen gewöhnlicher Kommunikation

Während wir uns einig sind und verstehen, dass es wichtig ist, dass wir unser Sprachmuster oder die von uns verwendeten Wörter anpassen, um den Bedürfnissen des Publikums gerecht zu werden, ist es weniger klar, wie wir bewerten und dann entscheiden sollen, was wir sagen und was nicht.

Probiere die folgenden Fragen aus, um dir hier zu helfen:

- Warum müssen sie es hören?
- Welche Wörter sollten verwendet werden, um die Nachricht zu senden?
- Wo müssen sie es hören?
- Von wem müssen sie es hören?
- Wann ist die Botschaft zu lang?
- Wie müssen sie es hören?

Bevor wir auf jede dieser Fragen eingehen, lassen Sie uns kurz feststellen, dass alles, womit wir es zu tun haben, mit der nonverbalen Kommunikation zu tun hat. Das ist super wichtig, denn während die Worte, die wir verwenden, wichtig sind, ist es ebenso wichtig zu wissen, was wir nicht sagen oder wann wir es nicht sagen sollen. Während du also durch jede dieser

Fragen gehst, versuche, all die nonverbalen Hinweise, die als Nebenprodukt hervorgerufen werden, mental zu notieren.

Nun zu den sechs Hauptfragen.

Warum müssen sie es hören?

Angenommen, du hast es mit jemandem zu tun, der ein Problem mit der Rassengleichheit hat und für die KKK arbeitet. Sie in ein Gespräch einzubinden, mag nicht wie das Vernünftigste klingen, was man tun kann, aber in Wirklichkeit müssen sie darüber aufgeklärt werden, was sie tun und welche Auswirkungen solche Handlungen auf den tatsächlichen Menschen haben.

Welche Wörter sollten verwendet werden, um die Nachricht zu senden?

Die Wörter, die du verwendest, sind ein großer Teil der Kommunikation und oft kann ein falsches Wort im Umgang mit schwierigen Kunden zu einer Katastrophe führen.

Das erste, was du tun musst, ist zu beurteilen, mit welcher Art von Person du es zu tun hast. Sind sie passiv oder autoritär? Eine autoritäre Person wird es nicht gut finden, wenn sie in einem autoritativen Ton angesprochen wird, während eine passive Person in der Regel besser auf Autorität reagiert als auf Vorschläge.

Es ist der Unterschied zwischen der Verwendung von Can oder May oder der Verwendung eines positiven Nein gegenüber einem negativen Nein. Du musst deine Sätze so wählen und gestalten, dass sie für das beabsichtigte Publikum schmackhafter sind.

Wo müssen sie es hören?

Eine weitere Sache, die Sie wahrscheinlich gut mit dem Erinnern machen könnten, ist, dass es nicht immer der richtige Ort ist, um ein bestimmtes Gespräch zu führen. Als Führungskraft, die mit einem aggressiven Mitarbeiter zu tun hat, ist es vielleicht keine gute Idee, ihn in der Werkstatt zurechtzuweisen, während Kunden und andere Mitarbeiter zuhören, es sei denn, Sie versuchen, einen Standpunkt zu vertreten.

Empathische Kommunikation versucht effektiv zu sein, also musst du dich fragen, ob die beste und freundlichste Art, das zu tun, was getan werden muss, im Freien oder hinter verschlossenen Türen ist, wo er eher darüber nachdenkt, was passiert ist und warum.

Von wem müssen sie es hören?

Eine weitere Sache, über die du nachdenken musst, ist,

ob du die richtige Person bist, um die Botschaft zu übermitteln. Wenn jemand, den du liebst, bei einem Unfall mit betrunkenem Auto verletzt wird, wirst du wahrscheinlich nicht die Nachricht von dem betrunkenen Fahrer hören wollen, richtig?

Wer also spricht, ist ebenso, wenn nicht sogar wichtiger als die Botschaft, denn der Kern der empathischen Kommunikation ist die Konnektivität und der Aufbau von Beziehungen.

Wann ist die Botschaft zu lang?

So wie es für alle Dinge einen Ort und eine Zeit gibt, so gibt es auch einen Timer für die Zeit, die für die Diskussion dieser Dinge vorgesehen ist. Eine Nachricht verliert ihre Wirksamkeit, wenn die Kommunikation zu lange dauert. Gleichzeitig reichen auch kurze Antworten mit einem Wort nicht immer aus. Sprechen und kommunizieren, aber versuchen Sie, ein Gleichgewicht zu finden.

Wie müssen sie es hören?

Gerade in der heutigen Welt und Umwelt scheint die Art der Bereitstellung unerlässlich zu sein, um zu verstehen, wie ernst oder wie wichtig bestimmte Kommunikation sein wird. Der kanadische Professor und Visionär Marshall McLuhan sagte einmal, dass das

Medium die Botschaft ist. Wie wir uns entscheiden, ein bestimmtes Wissen zu vermitteln, ist entscheidend, in Bezug darauf, wie wir als Kommunikator diese Botschaft wahrnehmen und wie diese wahrgenommen wird.

Lektion drei: Der Teufel steckt im Detail

Es sei denn, du hast es zufällig mit jemandem zu tun, der ein fotografisches Gedächtnis hat, ist es unwahrscheinlich, dass dein Publikum alle oder sogar die meisten der Informationen, die du während der Kommunikation vermittelst, speichert. Wie viel Aufmerksamkeit hast du diesem Buch geschenkt? Genug, um dich an alle wichtigen Punkte zu erinnern, die in Kapitel Eins aufgeführt sind? Unwahrscheinlich.

Daran ist nichts auszusetzen, das ist normal.

Nun, lass mich dir eine Frage stellen. Da du dich sowieso nicht an die meisten Diskussionen erinnern wirst, ist es wirklich wichtig, dich auf die Details zu konzentrieren?

Die Antwort ist ein eindeutiges Ja.

Da du dich nicht an alles erinnerst, ist es wichtig, dass

alle Details so perfekt wie möglich sind, denn es ist nicht abzusehen, welches bestimmte Bit bei deinem Publikum bleiben wird. Wenn du deine erstaunliche Botschaft mit einer Reihe von Geschichten über das Thema hinaus abfederst, wird sich das Publikum eher daran erinnern, dass du immer wieder über Probleme außerhalb des Themas gesprochen hast, nicht über deine erstaunliche Botschaft. Die Chancen stehen gut, dass sie direkt darüber glänzen werden. Deine Worte sind wie ein Renaissance-Gemälde, das zum Leben erwacht - mit jedem Satz, den du Definition hinzufügst. Sanft und sorgfältig sein. Dein Publikum verdient es!

Lektion vier: Selbstempathie

Da es bei Empathie anscheinend darum geht, sich in die Lage eines anderen zu versetzen und wie eine Forderung zu wirken, sich bei den Prioritäten an die Spitze zu stellen, ist es leicht, den Hang des "People Pleaser" hinunterzusteigen.

Aber hier ist die Sache. Selbstvertrauen ist genauso wichtig wie Mitgefühl für andere Menschen. Die Konzentration auf äußere Ausdrucksformen der Empathie kann für die eigene psychische Gesundheit sehr schädlich sein. Die Notwendigkeit, Menschen ständig zu erfreuen oder ihnen zu helfen, kann dich daran hindern, eine effektive Kommunikation zu führen, wenn du es mit einem konfrontativen Problem zu tun hast.

Außerdem ist gefälschtes Mitgefühl für niemanden von Nutzen, und es ist nicht nur schwer, es ist unmöglich, für jemand anderen zu fühlen, wenn man nicht freundlich und mitfühlend genug ist, um für sich selbst zu fühlen. Denke daran, dass wahres Mitgefühl auf natürliche Weise aus Mitgefühl entsteht. Es ist keine Farce, die man aufbaut und später beseitigt.

Als Kommunikator bist du in einer Position der Führung, und als solcher solltest du genau ausdrücken, was du fühlst, damit diejenigen, mit denen du sprichst, ein klares Verständnis dafür haben, was passiert und welche Reaktionen sie in Zukunft auf ähnliches Verhalten erwarten können. Je transparenter du in deiner Kommunikation bist, desto mehr wirst du ein Spiegelbild dieser Klarheit in deinem Publikum sehen.

Lektion fünf: Einheit

Und schließlich, denk daran, dass dein Mitgefühl eine Erweiterung von dir sein muss.

Denke daran, dass Kommunikation eine Zwei-Wege-Straße ist, also lupfst du nicht eine Kugel aus Informationen über einen Zaun und läufst weg. Du stehst da und absorbierst alles, was du sagst, genauso viel wie dein Publikum - wahrscheinlich mehr, weil du mehr in es investiert bist.

Der Theologe Peter Rollins sagte einmal, dass Liebesbriefe immer an ihr Ziel kommen.

Seine Logik war einfach. Liebesbriefe, die mehr sind als für eine bestimmte Zielgruppe bestimmt, sollen ein bestimmtes Ziel haben. Das Ziel ist es, sich selbst und die darin enthaltenen Gedanken an ein Individuum weiterzugeben.

Nach Rollins Meinung sind Sie dieses Individuum. Du schreibst, weil Worte aus dir herausströmen. Ebenso muss dein Mitgefühl von innen kommen, denn du bist der erste Verbraucher, wenn du es vortäuschst, ist die erste Person, die du verrätst, du selbst.

Empathisches Leben - Machst du es richtig?

Es reicht nicht aus, nur zu wissen, wie man Empathie einsetzt, um seine Kommunikationsstandards zu verbessern. Es gibt einen deutlichen Unterschied zwischen dem Wissen, dass man etwas tun sollte, und dem tatsächlichen Tun. Deshalb werden wir einige der gemeinsamen Aktivitäten, mit denen Sie als Kommunikator regelmäßig zu tun haben, durchgehen und Ihnen dann beibringen, wie Sie Empathie anwenden können, damit Sie bei nächster Gelegenheit besser gerüstet sind.

Bist du bereit, anzufangen?

Du kannst einen Stift und Papier für dieses Bit nehmen, wenn du Notizen machen willst.

Jetzt geht's los!

1. Übst du dich in Empathie, wenn du sprichst?

Wenn du sprichst, z.B. in einem Meeting oder vielleicht in einer Talkshow, oder sogar nur an einem Esstisch mit Freunden, ist eines der ersten Dinge, die du wissen musst, "wer" du auch sprichst. Die Kenntnis der Zielgruppe macht es viel einfacher zu verstehen, was man sagen soll, und was ist ein effektiver Übertragungsmodus etc.

Wenn man darüber nachdenkt, gibt es wirklich keine generische Antwort. Jede Antwort ist fallbezogen. Sagen wir, du tröstest einen Freund, dessen Vater gestorben ist. Was würdest du sagen? "Es tut mir leid für deinen Verlust", ist ziemlich allgemein. Aber was wäre, wenn ich dir sagen würde, dass diese Freundin von ihrem Vater als Kind missbraucht wurde? Ist es immer noch das, was du sagen würdest? Wahrscheinlich nicht.

Zu verstehen, mit wem man spricht, wird einen langen Weg gehen, um festzustellen, was man sagen kann und was nicht. Zu verstehen, was sich lohnt und was nicht, ist im Geschäftsleben besonders effektiv, obwohl es überall stark anwendbar ist.

Szenario:

Du hast eine Rede über das Aufschieben, die du deinem Chef und einer Handvoll anderer leitender Angestellter halten musst, von denen die meisten bekanntermaßen verspätet sind. Was ist der beste Weg, um dieses Thema anzugehen? Solltest du autoritär oder freundlich sein? Werden du sie und alle Zauderer schelten, sie verurteilen und als ineffizient bezeichnen? Kannst du einen Weg finden, scherzhaft und mitfühlend über einige der Gründe zu sprechen, warum "wir" zu spät kommen, und dann erklären, wie wir diese Probleme überwinden können, indem wir X, Y oder Z machen?

Zu verstehen, wo Sie mit Ihrem Publikum stehen, hilft Ihnen, einen besseren Weg zu finden, die Dinge zu erklären, die gesagt werden müssen. Du scheuchst dich nicht vor dem Thema, du lieferst nur die notwendigen Informationen, so wie sie es am ehesten akzeptieren und anerkennen.

Klingt das gut?

2. Ist dein Schreibstil empathisch genug?

Der größte Teil der Logik, die du gerade auf deine Sprachmetapher angewendet hast, gilt auch direkt für dein Schreiben. Ein einfühlsamer Schriftsteller sollte all die Dinge tun, die ein Sprecher tut; nur müssen sie ein wenig mehr tun.

Wenn du sprichst, wird dein Inhalt durch einen Haufen nonverbaler Kommunikation unterstützt, von der du nicht einmal merkst, dass du sie machst. Deine Handgesten, die Art und Weise, wie sich deine Intonation ändert, dein Gesichtsausdruck - all diese Dinge erhöhen den Wert und machen deine Rede wertvoller.

Wenn du schreibst, musst du einen Weg finden, dies zu tun, ohne ein direktes Publikum zu haben.

Also, was machst du?

Für den Anfang findest du deine Zielgruppe heraus; wer sind sie, worauf werden sie wahrscheinlich reagieren, was ist es, was wollen sie, und wie kann ich es ihnen geben?

Ein gutes Beispiel für einfühlsames Schreiben eines Unternehmens ist die Kampagne "Best Job" von Procter and Gamble. Das Unternehmen, das eine Vielzahl von Haushaltsprodukten herstellt, richtete sich an Mütter und deren Vorstellung, in ihrer Rolle als Hausmeister unsichtbar zu sein, und Mütter, die einem Vollzeitjob gleichkommen. Die Werbung war nicht nur einprägsam und erbaulich für Mütter, sondern auch so geschrieben, dass sie den Müttern sagte, dass sie geschätzt wurden, was natürlich zu einem Höhepunkt der Verkäufe führte. Denn wer kauft in Ihrem Haus ein?

Beim Schreiben geht es jedoch nicht immer um Werbung. Das Schreiben kann ein Teil Ihres Jobs sein, wenn du ein Journalist oder ein Autor bist. Es kann Teil deiner Kursarbeit sein, wenn du zur Schule oder Universität gehst. Wenn du in einer Beziehung bist, könnte es ein Liebesbrief sein, und in jedem Aspekt ist es wichtig, dass du deine Worte benutzt, um zu helfen, sie zu identifizieren und zu erheben, um dem Mitgefühl, das du versuchst, in deiner Kommunikation zu wachsen, Wurzeln zu geben.

3. Hörst du empathisch zu?

Wir haben bereits ausführlich darüber gesprochen, wie wichtig einfühlsames Zuhören im ersten Kapitel ist, aber wir werden dir trotzdem eine kurze Zusammenfassung geben. Entgegen der landläufigen Meinung ist Zuhören eine ebenso aktive Übung wie Sprechen. Die Aufmerksamkeit für Details, die erforderlich ist, wenn man zuhört, ist tatsächlich höher als wenn man ein Sprecher ist. Als Redner gibst du Informationen aus, während du beim Zuhören sowohl mehrere verbale als auch nonverbale Hinweise gibst und gleichzeitig Informationen aufnimmst und verarbeitest.

Aktives Zuhören ist ein besonders wichtiger Teil einer effektiven Kommunikation, und ein Teil des aktiven Zuhörens beschäftigt sich mit dem Mitgefühl für den Sprecher.

Stellt euch vor, ihr hört eurem Onkel Tod zu, der ein Hardcore-Trump-Anhänger ist, der über seine politischen Entscheidungen spricht. Du bist ein demokratischer Sozialist und bevorzugst Bernie Sanders und hasst die rassistische Propaganda, die der gewählte Präsident deines Onkels fördert. Wirst du in der Lage sein, alles von dem zu bekommen, was dein Onkel sagt, wenn alles, woran du denken kannst, während er spricht, ist, wie sehr du ihn unterbrechen und ihm sagen willst, was für eine schreckliche Person sein Kandidat ist?

Nein! Natürlich nicht. Aber, wenn du willst, und wenn du dich entscheidest, kannst du einfühlsames Zuhören betreiben, wo du, auch wenn du nicht damit einverstanden bist, was dein Onkel behauptet, zumindest herausfinden kannst, woher er kommt, warum er denkt, wie er es macht und was ihn dazu bringt, für seinen Kandidaten zu stimmen. Auf lange Sicht würde dies mehr Wirkung haben als die Geschimpfe, die du in deinem Kopf geplant hast.

4. Bist du auf Social Media du selbst, so wie du im echten Leben bist?

Ein weiterer sehr wichtiger Kommunikationsmodus in der heutigen Welt sind Social Media. Facebook, Instagram, Twitter und sogar Snapchat haben die eigentliche soziale Interaktion im Großen und Ganzen ersetzt, und es ist heute noch wichtiger denn je, Empathie in sozialen Medien zu üben.

Wenn man in einen Streit über Social Media gerät, ist es wirklich einfach, super-schnell zu werden. Normalerweise liegt das daran, dass sich das Individuum am anderen Ende, wenn man in Social Media ist, nicht wirklich wie ein Mensch anfühlt. Du bist eher wie ein Objekt oder ein Ding - wie ein Bot. Du bindest nicht unbedingt Gefühle oder Emotionen an sie, aber das bedeutet nicht, dass das, was du tust, richtig ist.

Social Media ist ein Kommunikationsmedium genau wie das Telefon, also sei freundlich, wie du es zu jemandem sein würdest, der anruft, um ein Gespräch zu führen. Denke daran, dass dein Mitgefühl deinen Zorn oder deine Wut überschatten sollte. Das ist die einzige Möglichkeit, wie du reife Gespräche führen kannst.

Wenn du dich mit deinem Partner streitest und irgendwann erkennst, dass du beide dich nur noch anschreist. Der Grund, warum ihr euch nicht gegenseitig erreichen könnt, ist, dass es euch beiden an Empathie mangelt. Tritt einen Schritt zurück, halte dich an deinen Gedanken fest, stecke sie in deine Hintertasche und versuche sie für eine Minute zu verstehen. Was sagen sie da? Warum sagen sie es? Du wirst in einer Beziehung nicht gewinnen, wenn du ein Argument gewinnst. Du gewinnst, indem du sie durch Gespräche daran hinderst.

5. Beurteilst du?

Und die letzte kleine Sache, die du vielleicht vergessen hast. Wenn es um Empathie geht, gibt es keinen Raum für Urteilsvermögen. Nun, wir wissen, dass du dich nie bewusst aufmachen würdest, um jemanden zu verurteilen, aber wenn du es mit jemandem zu tun hast, wenn du nicht versuchst, dich einzufühlen, wirst du ihn gegen deine Standards aufbringen, und das ist das Beurteilen.

To-Do Drills - Ihre OFFIZIELLEN Handlungsgegenstände

Jetzt, da wir alle darüber informiert sind, wie und was wir tun müssen, um einfühlsam und effektiv zu kommunizieren, warum führen wir dich nicht durch eine Liste von Dingen, die dich in den nächsten zwei Wochen und hoffentlich für immer danach in der Praxis halten.

Denke daran, dass die Praxis vollkommen ist, und während Empathie natürlich auftritt, musst du den gesamten Prozess ein wenig Zeit lassen, bevor er für dich zur zweiten Natur werden kann.

Fürs Erste - lass dich durch deine Übungen führen!

1. Sei bei der Arbeit empathisch!

Du verbringst die meiste Zeit deiner Wachzeit inmitten dieser Menschen und verbringst am Ende über 80 Prozent deines Jahres damit, mit ihnen zu arbeiten und Gespräche mit ihnen zu führen. Das ist viel Zeit, um mit Menschen zu verbringen, die du hasst oder nicht magst, und außerdem ist es wirklich schlecht für deine eigene psychische Gesundheit, in diesem mentalen Gefängnis gefangen zu sein.

Stopp.

Nimm einen tiefen Atemzug und beschließe, freundlicher und netter zu sein, eine freundlichere Geschichte für sie zu erstellen und sie für nur zwei kurze Wochen zu entschuldigen. Am Ende musst du es vielleicht gar nicht mehr vortäuschen!

2. Nutze Empathie bei sozialen Interaktionen!

Ebenso wichtig sind die Interaktionen mit den Menschen um Sie herum in Ihrem Alltag. Die kleinsten Dinge wie ein Lächeln auf dem Weg nach draußen oder ein Witz von Ihrem Taxifahrer sind Dinge, die Ihren Tag erhellen können, weil Nähe einen ernsthaften Einfluss auf unser Leben hat.

Also, benutze dieses Wissen. Tue das Gleiche. Sei freundlich und einfühlsam zu den Menschen, die du triffst. Du wirst feststellen, dass die Entscheidung, freundlicher zu sein, deine Stresslevel automatisch zum Tauchen bringt. Plötzlich musst du nicht wütend sein, weil jemand in der Schlange steht, du kannst dir eine geistige Entschuldigung dafür einfallen lassen, dass er zu spät zu seinem ersten Interview kommt und nicht anders konnte. Denke vor allem an die Freundlichkeit.

3. Echte Anführer haben Empathie!

Und das ist noch nicht alles! Empathie ist ein entscheidendes Element einer guten Führung. Mehrere Studien haben gezeigt, dass Empathie fast jede andere Führungskompetenz überstrahlt und der Schlüssel zur Förderung von Engagement und Zusammenarbeit in Büros und Arbeitsplätzen ist. Zwanzig Prozent der Mitarbeiter werden inzwischen zu Empathietrainings und Teambuildingübungen geschickt, um die Bindung an das Team und das Unternehmen zu erhöhen.

4. Sei nett zu dir selbst!

Wir haben vorher über die Selbstergreifung und ihre Bedeutung gesprochen, also werden wir nicht in diese Angelegenheit einsteigen, aber denken Sie daran, dass du dich zuerst an die Arbeit machen musst, um dies für jemand anderen tun zu können.

5. Meditiere!

Und schließlich mag dies ein wenig launisch erscheinen, aber Empathie und all diese Kommunikation können Ihre Psyche belasten. Es zwingt dich, dich ständig zu engagieren, und das willst du nicht. Niemand tut das wirklich, aber da du dich sowieso damit auseinandersetzen musst, reinige deinen Geist und deine Seele ab und zu, nur um sicherzustellen, dass du dich nicht selbst überwältigst!

Okay?

Worauf wartest du noch? Probiere es aus!

Komm schon, los gehts!

Kapitel vier:

Arbeite an deiner Ehrlichkeit

"Offene, ehrliche Kommunikation ist die beste Grundlage für jede Beziehung, aber bedenke, dass es am Ende nicht das ist, was du sagst oder was du tust, sondern wie du den Menschen das Gefühl gibst, dass es am wichtigsten ist." -Tony Hsieh

Wenn wir vorankommen, wirst du bald erkennen, dass von allen Dingen, die für eine effektive Kommunikation erforderlich sind, die beiden wichtigsten eine offene und ehrliche Kommunikation sind. Und die Logik dahinter ist auch ziemlich einfach. Kommunikation ist eine Menge konstante, harte Arbeit. Es ist nicht wie bei der Arbeit, wo man die Wochenenden frei hat. Du kommunizierst fast immer mit Menschen, sei es mit Freunden und Familie, mit Kollegen und Fremden. Du machst es immer.

Deshalb ist es so lustig. Nach weit über zehntausend Stunden Kommunikation sind wir immer noch nicht annähernd auf Weltklasseniveau. Also, was machen wir falsch?

Viele Dinge, und wir haben sie bereits in den vorherigen Kapiteln besprochen, angefangen beim richtigen Zuhören bis hin zur richtigen Bereitstellung von Informationen und sogar zu grundlegenden Fragen wie Empathie. Die eine Sache, die wir nicht ausführlich behandelt haben, ist der Wert der Ehrlichkeit in Bezug auf die richtige und effektive Kommunikation.

Eines der größten Probleme, mit denen wir es zu tun haben, insbesondere wenn wir uns am Rande des Spektrums befinden, ist, wie ehrlich wir sein sollten, wenn wir konfrontiert werden. Wenn man ein Schwarzer im heutigen Amerika ist, wird einem dieser Gedanke oft in den Sinn kommen, insbesondere im Umgang mit den Behörden, wobei die Polizeibrutalität das ist, was sie ist. Wie ehrlich soll ich sein? Sollte ich meinen Standpunkt immer vorantreiben, unabhängig von der Situation? Oder soll ich lügen und sie sich besser fühlen lassen, damit sie aufhören, mich zu belästigen?

Eine ziemlich schwierige Entscheidung, nicht wahr?

Obwohl es keine perfekte Antwort auf dieses spezielle Szenario gibt, sollten Sie natürlich Ihre Sicherheit immer über alle Kommunikationsfähigkeiten stellen, die Sie gelernt haben. Es ist auch wichtig, dass Sie sich und Ihre Wahrheit leise durchsetzen, um ein Ende des Missbrauchs dieser Art von öffentlicher Gewalt herbeizuführen. Du musst deine Stimme benutzen und den Leuten sagen, was deine Wahrheit ist. Sie werden nicht anders wissen, und gleichzeitig müssen Sie dies auf eine sichere, stabile Weise tun, wo du keine Angst um dein Leben hast.

Aber Polizeibrutalität ist nicht das einzige Mal, wo man sich gefragt hat, wie ehrlich man sein sollte, und diese neun Schritte werden in solchen Situationen erstaunlich gut funktionieren. Du sollst damit helfen, mit Situationen umzugehen, in denen du entweder nicht weißt, wie du ehrlich sein sollst oder ob du ehrlich sein solltest.

Also, du bist in beide Richtungen abgedeckt.

Betrachte dies als einen Neustart. Was wir jetzt tun werden, ist, uns mit deiner gesamten Kommunikation zu befassen, ehrlich und offen, wie sie behandelt werden sollte, und die Uhr für diese zehntausend Stunden neu zu starten. Also, warum hören wir nicht auf, Zeit zu verschwenden und zeigen dir, wie du diese ehrlichen Fähigkeiten perfekt verfeinern kannst.

Schritt eins: Tiefgehendes Zuhören

Wir haben schon einmal ausführlich über das Zuhören gesprochen, und ich bin sicher, du denkst, du weißt alles, was es über das Zuhören zu wissen gibt, aber warte eine Sekunde. Siehst du, was du gerade machst? Du stellst eine Vermutung auf. Deine Annahme, dass du alles gelernt hast, was es gibt, ist, über das Hören zu lernen, und du brauchst nichts anderes zu wissen - denn du denkst, dass es nichts mehr zu lernen gibt. Hier ist das Problem damit - du hast dich geweigert, aufgrund einer Vermutung zuzuhören.

Während du vielleicht Recht hast und theoretisch alles weißt, was es zu wissen gibt, konntest du dieses Lernen nicht gut genug anwenden. Dies zeigt, dass deine Fähigkeit zum Zuhören immer noch oberflächlich oder oberflächlich ist, während du dich kultivieren musst, um dich zum tiefen Zuhören zu kultivieren. Warum ist also tiefes Zuhören wichtig? Denn oft ist es nicht dasselbe, was eine Person an der Oberfläche sagt und was sie zu vermitteln versucht.

Nehmen wir zum Beispiel die folgende Situation:

Es gibt fünf Personen in einem Vertriebsteam namens Insurgent, das von Jake geleitet wird. Sie sind Cassie,

Penny, John, Mark, Lewis und Jake selbst. John und Jake sind Brüder und Jake ist beste Freundin von Mark und Cassie, die Jakes Freundin ist. Penny hat seit über drei Monaten damit zu tun, dass Mark mit ihr unangebracht ist. Da es keine formelle Personalabteilung gibt, sprach sie zunächst mit John, da er ein Mitarbeiter war, und führte dann zwei Gespräche mit Jake, wo er versuchte, das Problem zu erklären. Aber John hatte Jake bereits gesagt, dass es kein Problem sei, und Jake weigert sich jetzt, darauf einzugehen, und sagt Penny, dass sie übermäßig empfindlich ist. Das Gespräch ist zwischen dir, Lewis und Cassie.

Penny: Ich hasse es, mit dem Chef zu reden; es hat buchstäblich keinen Sinn.

Du: Was meinst du?

Penny: Mit ihm kann man nicht umgehen. Er kümmert sich nicht einmal um die Dinge, die im Büro vor sich gehen?

Du: Ihm ist das Büro egal?

Penny: Offensichtlich nicht, sonst würde er Büroprobleme ernst nehmen, anstatt nur seinem Bruder zuzuhören.

Du: Sein Problem ist, dass er nur auf seinen Bruder hört.

Nun, auf den ersten Blick hast du die richtigen Dinge getan. Ihr Gespräch war nachdenklich, Sie haben nach weiteren Informationen gefragt. Du hast alles getan, also was hast du falsch gemacht? Nun, du hast oberflächlich zugehört, und du hast die Dinge für bare Münze genommen, anstatt den Kontext hinzuzufügen. Frag dich selbst, warum Penny so empfunden hat. Warum glaubt sie, dass es dem Chef egal ist? Die Fähigkeit, das eigentliche Problem zu verstehen, ist von zentraler Bedeutung für den ordnungsgemäßen Aufbau einer ehrlichen Kommunikation. Nächstes Mal hörst du sowohl mit dem Herzen als auch mit den Ohren.

Schritt zwei: Eigentumsverhältnisse

Das nächste Wichtigste ist, sich dein eigenes Verhalten einzugestehen, damit du weißt, wie du versucht hast, herauszufinden, ob du ehrlich sein solltest, oder ob du lügen solltest, falls die Person, mit der du sprichst, es nicht "ertragen" kann. Was du gerade richtig gemacht hast, ist, dich wie ein Schuldzuweiser zu benehmen. Du hast die Tatsache genommen, dass es manchmal Nebenwirkungen auf deine Kommunikation gibt, und du hast entschieden, dass es daran liegt, dass die Person deine Ehrlichkeit nicht ertragen konnte. Automatisch wirst du von der Schuld befreit.

Oder etwa doch?

Betrachten Sie dies im Zusammenhang mit dem folgenden Szenario:

Du bist seit fünfzehn Jahren die beste Freundin von Maria. Vor kurzem ist Mary mit einem Kerl namens Ahmed ausgegangen, der fünf Jahre jünger ist als du. Während eines Gesprächs hast du beschlossen, Mary zu sagen, dass du denkst, dass sie dumm ist, sich mit Ahmed zu verabreden, da sie so unterschiedlich sind und weil sie eine so schwere Zeit in der Beziehung hat. Mary ist beleidigt von deiner Aussage. Das Argument lautet wie folgt:

Du: Es wird nie funktionieren, also verstehe ich wirklich nicht, warum du deine Zeit verschwendest.

Mary: Das ist nicht fair. Ich liebe ihn wirklich, und ich will, dass das klappt!

Du: Du hast das über jeden Kerl gesagt, mit dem du

ausgegangen bist, und lass uns ehrlich sein, das sind etwa zehn verschiedene Typen pro Jahr. Mach einfach weiter.

Mary: Ich kann nicht weitermachen!

Du: Du hast es noch nicht einmal versucht! Ihr beide sprecht nicht einmal die gleiche Sprache!

Mary: Du hasst ihn nur, weil er Moslem ist!

Du: Es ist mir völlig egal. Es geht nicht darum, dass Ahmed Muslim ist; es geht darum, dass er nicht richtig für dich ist, und du weigerst dich, es zuzugeben!

Mary: Nun, du liegst falsch. Geht weg!

 Okay, das war ein ziemlich hilfreiches Gespräch, nicht wahr?

Beachten Sie den Sarkasmus.

Sieh dir das Gespräch an. Ob du Recht hast oder nicht, ist über den Punkt hinaus. Sich wie ein Rüpel auf dem Schulhof zu verhalten und ihn als brutale Ehrlichkeit zu bezeichnen, ist keine hilfreiche Kommunikationsform und eine völlig sinnlose Übung. Das Einzige, was du in diesem Prozess getan hast, ist, deine eigene beste Freundin zu entfremden, und was noch schlimmer ist, du gibst ihr die Schuld für den

Austausch. Wenn Leute über ein Problem diskutieren, ist es narzisstisch zu denken, dass die Lösung oder das Problem, das du siehst, etwas ist, das sie noch nicht gesehen haben, oder dass du ihnen etwas sagst, das sie nicht wissen. Wenn Menschen versuchen, dir etwas zu sagen, versuchen sie, gehört zu werden, und das hast du nicht geschafft. Du warst so damit beschäftigt, zu erklären, wie du Recht hattest, dass du nicht in der Lage warst, die Bedürfnisse Mariens zu hören oder zu verstehen.

Das erste, was Sie in diesem Fall tun müssen, ist zu lernen, wie Sie zugeben können, dass Sie problematisch sind. Dein Verhalten ist anmaßend, und du wirst es nicht ändern können, bis du die Verantwortung übernommen hast. Gib zu, dass du falsch liegst, erkenne das Problem und das Muster und mache dann weiter.

Schritt drei: Zweck

Nun, da du anerkannt und erkannt hast, dass es Probleme mit deinem Verhalten und deinem Ansatz zur Ehrlichkeit gibt, lass uns versuchen, den zentralen Zweck eines ehrlichen und offenen Gesprächs herauszufinden - das Erreichen eines bestimmten Ziels oder Zweckes. Nun, wie wir bereits gesagt haben, ist Ehrlichkeit ein entscheidender Teil der Zielerreichung. Es ist ein zentraler Bestandteil der Produktivität. Aber wie willst du produktiv sein, wenn deine Kommunikation von Anfang an zu hart ist?

Betrachten Sie die folgenden Szenarien und versuchen Sie, die primären Unterschiede zu verstehen:

Du bist Manager eines gehobenen Boutique-Hotels, in dem Prominente oft unter einem Decknamen einchecken. In letzter Zeit sind die Namen der prominenten Gäste an verschiedene Boulevardzeitungen weitergegeben worden, was dazu führt, dass das Hotel sein Geschäft verliert. Du wurdest beauftragt, mit allen Mitarbeitern der Etage zu sprechen und zu beurteilen, woher dieses Leck kommt, und es zu stoppen.

Unterhaltung eins:

Du: Ich kann nicht glauben, dass wir das tun müssen, aber jemand auf dem Boden hat private Informationen über Hotelgäste an die Medien weitergegeben, und sobald wir herausfinden, wer es ist, werden Sie gefeuert! Und wenn wir herausfinden, dass einer von euch etwas wusste und nichts dagegen getan hat, seid ihr auch gefeuert!

Okay, wie werden deine Mitarbeiter deiner Meinung nach auf diese Ankündigung reagieren? Sie haben ihnen praktisch gesagt, dass einer ihrer Freunde und Kollegen es vermasselt hat und dadurch seinen Job verlieren wird. Unabhängig davon, ob die Pannen beabsichtigt waren oder nicht, oder ob sie sich in einer Finanzkrise befanden, hast du erklärt, dass jeder, der von dem Vorfall weiß, unabhängig davon, ob er jetzt vortritt oder nicht, ebenfalls gefeuert wird! Wie weit werden Ihre Mitarbeiter Ihrer Meinung nach kommen?

Ihre Kommunikation hat ihren Zweck, die Lecks zu identifizieren und zu stoppen, völlig verfehlt.

Im Gegensatz dazu solltest du Folgendes berücksichtigen:

Unterhaltung zwei:

Du: Das Hotel war sehr enttäuscht, als es feststellte, dass es einen von uns gibt, der nicht so rücksichtsvoll mit der Privatsphäre unserer Gäste umgeht wie wir es normalerweise sind. Wir werden versuchen, einen einvernehmlichen Weg zu finden, um dies zu lösen, und würden uns freuen, wenn Sie jetzt vorankommen, anstatt dass wir es später nach der internen Untersuchung herausfinden. An diesem Punkt werden wir Ihnen nicht mehr helfen können. Wenn du irgendwelche Informationen hast, die uns helfen werden, deinem Freund zu helfen, dann melde dich bitte. Wir werden die Hilfe zu schätzen wissen, und Ihre Loyalität wird zur Kenntnis genommen.

Ihren Mitarbeitern wurde nun gesagt, dass du auf ihrer Seite stehst, gegen das Management für sie kämpfst und dass du versuchst, sie zu retten. Sie bitten um ihre Hilfe und sagen ihnen, dass du nicht in der Lage sein wirst, ihnen zu helfen, wenn das Problem nicht gelöst ist, bevor der Untersuchungsbericht veröffentlicht wurde und das obere Management einschreitet. Automatisch sehen die Mitarbeiter dich als eine verwandte Seele, die versucht, ihnen zu helfen, sie nicht zu "bekommen". Und um es noch besser zu machen, du hast auch gesagt, dass du jeden der Mitarbeiter, die ihrem Freund helfen, freundlich ansehen wirst, indem sie nach vorne kommen. Du hast ihnen gesagt, dass das Vorankommen nicht nur Vorteile für dich hat, sondern dass du deinem Freund tatsächlich hilfst, anstatt ein Verräter zu sein.

Wie viel wahrscheinlicher ist es Ihrer Meinung nach, dass die Mitarbeiter sich jetzt melden werden?

Erfolg freigeschaltet!

Schritt vier: Teile deine Bedenken

Ein weiterer wichtiger Schritt, der zu beachten ist, wenn wir ehrliche und offene Gespräche fördern wollen, ist die Identifizierung aller Gründe, warum wir nicht über unsere Probleme sprechen wollen. Das hat auch einen besonderen Vorteil, je mehr man über die Sorgen spricht, die man hat, wie z.B. darüber gelacht oder nicht verstanden zu werden, desto unwahrscheinlicher ist es, dass sie Früchte tragen werden. Dies liegt daran, dass die Menschen wahrscheinlich das Gegenteil von dem tun werden, was man ihnen sagt, dass sie es tun werden. Wenn du Angst hast, dass das Gespräch, das du dir wünschst, schlecht aufgenommen wird, dann sag ihnen das. Die Chancen stehen gut, dass sie sich jetzt bewusst bemühen werden, es nicht schlecht zu nehmen, und deine Ehrlichkeit wird übersetzt, um sie zu ermutigen, auch aufzusprechen - wie perfekt ist das?

Schritt fünf: Meinung vs. Fakten

Der nächste Schritt? In der Lage sein, ehrlich zu

unterscheiden zwischen dem, was man sich vorstellt und dem, womit man es tatsächlich zu tun hat. Wenn wir uns mit einer Situation befassen, geschehen zwei Dinge gleichzeitig. Auf der einen Seite nimmst du die Fakten der Angelegenheit auf, also bemerkst du die tatsächlichen Ereignisse, die stattfinden, und auf der anderen Seite hast du es damit zu tun, dass dein Gehirn verrückt wird und diese Fakten mit deiner Vorstellungskraft in Möglichkeiten umwandelt. Das bedeutet, dass sich all die Dinge, die geschehen, jetzt in ein ganz anderes Thema verwandeln, basierend darauf, wohin deine Vorstellungskraft dich führt.

Warum brechen wir das nicht mit einem Beispiel auf, um es einfacher zu machen?

Ein Gespräch am Esstisch findet zwischen Ihrem republikanischen Bruder Donny, Ihrer demokratischen Schwester Hilary und Ihnen statt. Du bist zufällig ein Unabhängiger in diesem speziellen Kontext.

Donny: Die Demokraten verschwenden nur Geld für dumme Dinge wie Kunst und Museen. Kein Wunder, dass sie immer wieder verlieren.

Hilary: Nun, zumindest lehnen wir kein Geld von der NRA ab und weigern uns, etwas gegen Schulkinder zu unternehmen, die regelmäßig sterben, weil wir unsere

Taschen nicht verletzen wollen.

Du: Nun, wie dem auch sei, Donny hat Recht. Die Demokraten müssen ihre Finanzpläne besser strukturieren. Kunst und Museen können warten, aber unsere Sozialversicherung wirklich nicht.

Hilary: Wirst du dann republikanisch wählen? Siehst du nicht, dass sie das Land mit ihren supremokratischen Idealen ruinieren?

Das ist das Problem mit der Art und Weise, wie Hilary deine Antwort wahrgenommen hat. Sie hat angenommen, dass, weil Sie mit Donny in einer Frage einverstanden waren, Sie jetzt ein republikanischer Unterstützer sind, der republikanisch wählen wird und daher antidemokratisch ist. Sie hat auch angenommen, dass, weil du ein Republikaner bist, du auch alle andere republikanische Propaganda unterstützt, einschließlich Rassendiskriminierung und weiße Vorherrschaft.

Hilarys Phantasie übernahm die Oberhand. Das Problem ist jetzt, dass ihre Fantasie im Spiel ist. Sie wird nicht mehr auf die Tatsachen gerichtet - die Tatsache seiend, dass du zustimmtest, dass die Demokraten bessere Steuerpläne haben müssen. Sie nahm an, dass Ihre Vereinbarung zu einem Thema zu Ihrer Vereinbarung über einen Haufen anderer

Ausgaben führt und dass all dies jetzt bedeutet, dass du die Republikanische Partei unterstützt, und sie reagierte basierend auf dieser Annahme.

In der Wahrheit war alles, was du gesagt hast, dass du zugestimmt hast, dass die Demokraten eine bessere Finanzplanung brauchen. Punkt. Keine Wenn und Aber oder Vielleicht.

Lerne, Dinge für bare Münze zu nehmen. Wenn du es nicht tust, wirst du dich wie Hillary verhalten und auf ein Problem reagieren, das es nicht gibt.

Schritt sechs: Stelle Anfragen

Jetzt ist es normal, Probleme zu haben - aber was man mit ihnen macht, ist das, was wirklich zählt. Wenn Sie ein Problem mit Ihrem Chef oder mit dem Management haben, anstatt sich darüber zu beschweren und das System zu kritisieren, warum nicht eine Lösung finden und versuchen, sie zu implementieren?

Wenn das Problem ein Mangel an Feedback ist, dann wende dich an deinen Vorgesetzten und bitte ihn, jede Woche eine Stunde aus seinem Zeitplan zu nehmen, um dir Feedback zu geben, damit du deine Fehler lernen und verstehen kannst. Fordere die Hilfe an, die du brauchst. Die Leute werden nicht wissen, was du von einer mystischen Kristallkugel willst. Du musst laut sprechen und proaktiv sein. Letztendlich geht es darum, ob du eine Lösung findest, anstatt ständige Beschwerden und Probleme, damit das Gespräch voranschreitet.

Schritt sieben: Die Vorteilsanalyse

Die nächste Frage, die du stellen musst, weil offen gesagt, alle anderen fragen es, ist, was für den anderen Kerl drin ist? Wann immer wir etwas kommunizieren wollen, liegt es in der Regel daran, dass wir eine Art Eigeninteresse an dem Thema haben, oder mit anderen Worten, wir profitieren davon. Aber wenn wir davon profitieren, wird die Person am anderen Ende der Kommunikation nicht aussortiert. Wenn du willst, dass sie ermutigt werden, mit dir zu sprechen und zu kommunizieren, musst du ihnen eine Art Nutzen bieten - etwas, das ihnen hilft oder sie zumindest motiviert.

Schritt acht: Der Folgeplan

Sobald du all das an Ort und Stelle hast und das perfekte offene Gespräch geführt hast, nach dem du gesucht hast, was denkst du, was dein nächster Schritt sein wird? Pina Coladas an einem Strand in New Mexico? Nein! Natürlich nicht. Nichts von dem, was du gerade getan hast, ist etwas wert, wenn du dieses Gespräch nicht mit einem konkreten Plan verlässt! Das ist Ihr Nachfolgeplan. Du musst Aktionen geplant haben, die dir helfen, alles umzusetzen, was du bisher gemacht hast (so wie das, was du am Ende jedes Kapitels bekommen hast!).

Schritt neun: Schätze *ALLES*

Ehrliche, offene Kommunikation ist großartig und wir sollten nicht lügen und sagen, dass es einfach ist. Seien wir ehrlich, es ist alles andere als das. Leider tun viele Leute dies nie wieder, egal wie vorteilhaft es ist, weil sie sich nicht wie der Aufwand und der Stress fühlen, den sie hatten, um die ehrliche Kommunikation durchzuführen, geschätzt wurde.

Denke daran, dass positive Verstärkung der Schlüssel ist! Also, geh da raus und schätze es!

To-Do Drills - Ihre OFFIZIELLEN Handlungsgegenstände

Endlich ist es wieder Zeit zum Üben. Jetzt, da du eine klare Vorstellung davon hast, was ehrliche Kommunikation ist und wie du bestimmte Dinge üben musst, um sicherzustellen, dass du ein effektiveres Gespräch hast, ist es an der Zeit, all das in die Tat umzusetzen. Diesmal geben wir Ihnen nur eine Aufgabenliste, und es liegt an Ihnen, die neun obigen Schritte wie eine Checkliste zu verwenden und sie in jeder der angegebenen Instanzen zu implementieren, wie z.B. die Manager aus dem Beispiel. Bereit?

1. Führe ein ehrliches Gespräch mit deinem wichtigen Kollegen über Probleme, die du in Bezug auf die Beziehung hast.

2. Führe ein Gespräch mit deinem Freund über eine Zeit, in der du durch eine Aussage, die sie gemacht haben, extrem verletzt wurdest.

3. Unterhalte dich mit deinem Chef, der über eine Gehaltserhöhung verhandelt.

4. Sprich mit jemandem mit einem anderen Standpunkt online, ohne aus den Kommunikationsmethoden auszubrechen, die dir beigebracht wurden.

5. Sprich mit dir selbst darüber, was du deiner Meinung nach tun musst, um voranzukommen.

Komm schon, sei nicht faul. An die Arbeit!

Es mag beängstigend sein, aber der einzige Ausweg ist durch!

Kapitel Fünf:

Wie man ein Win-Win-Szenario etabliert

"Win-Win ist ein Glaube an die Dritte Alternative. Es ist nicht dein oder mein Weg; es ist ein besserer Weg, ein höherer Weg." -Stephen Covey

Das Letzte, womit wir es zu tun haben, wenn wir die Grundlagen einer effektiven Kommunikation einpacken, ist, wie wir uns vom Tisch wegbewegen und das Gefühl haben, dass wir Spaß hatten, und wie wir das gleiche Gefühl für unseren Gegner sicherstellen können.

Zuerst einmal, denke nicht an die andere Person als deinen Gegner. Um wirklich effektive Kommunikationskanäle aufbauen zu können, müssen wir in der Lage sein, unser Publikum positiv zu sehen, was im Grunde genommen nicht der Fall ist, wenn man es seine Gegner nennt. Wenn du das tust, bereitest du dich auf einen Kampf vor.

Damit kommen wir zum letzten Thema - der Entwicklung eines Win-Win-Szenarios durch die Unterstützung einer effektiven Kommunikation. Jetzt haben wir viel darüber gesprochen, wie wir eine effektive Kommunikation sicherstellen können und wie wichtig sie ist, aber wir kamen nie dazu, darüber zu sprechen, warum wir eine effektive Kommunikation fördern wollen.

Nimm dir eine Minute Zeit und denke darüber nach, was das Kernziel jeder Form von Kommunikation ist. Im Allgemeinen geht es darum, Ideen auszutauschen und ein Gleichgewicht in unseren Beziehungen zu finden, oder genauer gesagt, zu verhandeln. Denke nun an den letzten Kampf zurück, den du mit deinem bedeutenden anderen geführt hast. Fühlten Sie sich an, als würden Sie versuchen, etwas zu verhandeln, oder fühlte es sich an, als würden Sie Ihren Kopf aufschlagen, als beide Parteien anfingen, die Handlungen des anderen anzugreifen, zu kennzeichnen oder zu kontrollieren?

Aber das ist nur ein Ende des Spektrums. Schreien und Kämpfen ist eine Möglichkeit, Ihre Botschaft zu vermitteln. Das andere ist die passive Duldung, bei der im Gegensatz zum Kämpfen, bei dem versucht wird, Ihre Botschaft über Sie zu bringen, nur Welpenaugen machen und hoffen, dass Ihr Publikum oder die

Person, mit der Sie sprechen, die Botschaft bekommt und nicht versucht, Sie zu überlisten.

Keine dieser beiden Methoden ist besonders reizvoll. Vielmehr sind die Methoden beide gleichermaßen ineffektiv. Also, was ist der "richtige" Weg, um mit den Dingen umzugehen? Wie können wir unsere Gedanken einbringen und kommunizieren, ohne dass es zu einem totalen Kriegsgebiet wird?

In Schritten-Assertive Kommunikation.

Durchsetzungsstarke Kommunikation ist im Grunde genommen die Kommunikation, über die wir Sie unterrichtet haben. Durchsetzungsstarke Kommunikatoren sind ehrlich, einfühlsam, und sie nehmen sich die Zeit, zuzuhören und gleichzeitig sicherzustellen, dass sie gehört werden.

Durchsetzungsstarke Kommunikation ist die einzige Form der Kommunikation, die es Einzelpersonen ermöglicht, zusammenzuarbeiten, um Schlüsselbedürfnisse in beiden Parteien zu identifizieren und proaktiv daran zu arbeiten, diese Bedürfnisse in einer Weise zu erfüllen, die für beide Seiten vorteilhaft ist. Somit können beide Parteien den Tisch zufrieden verlassen und vor allem bereit sein, sich wieder zu engagieren.

Genau deshalb werden wir Ihnen jetzt zeigen, wie Sie all diese ausgefallenen Techniken anwenden können, die wir Ihnen gerade beigebracht haben, um Ihren selbstbewussten Kommunikationsansatz zu entwickeln.

Was denkst du denn? Bist du bereit, deine letzte Aufgabe zu erfüllen, bevor du ein Meister der Kommunikation werden kannst?

Keine Sorge!

Du kannst das schaffen!

Jetzt geht's los!

Wie fühlt sich Gewinnen an?

Bevor wir losgehen, um alle Dinge aufzulisten, die du tun musst, um sicherzustellen, dass du dich fühlst, als hättest du etwas von einer Kommunikation gewonnen. Warum versuchen wir nicht zuerst, das Gefühl des Gewinnens zu identifizieren und wie sich das Gewinnen selbst anfühlt.

Auch wenn das Wort Gewinnen als Kind ein gewisses

Maß an Konkurrenz gegen Gleichaltrige oder andere zu bezeichnen schien, wird der Begriff "Gewinnen" für die meisten Menschen in der Kindheit austauschbar mit dem Wort "Erfolg". Es ist nicht so, dass man das intensive Bedürfnis verspürt, numero uno in einem Kunstwettbewerb zu sein. Es ist mehr, dass du ein Ziel hast, das du dir selbst gesetzt hast, und du willst es erreichen.

Ziemlich einfach, nicht wahr?

Gewinnen ist ein Gefühl der Leistung.

Okay, aber denk jetzt mal darüber nach. Wird irgendeine Form von Leistung etwas sein, bei dem du dich gut fühlst? Was wäre, wenn du deine Aufgabe erfüllen würdest, aber Opfer bringen müsstest, mit denen du dich nicht wohl fühlst, oder wenn du am Ende gewonnen hättest, aber hässliche Dinge gesagt wurden und sie bei dir blieben? Was wäre, wenn du gewinnen würdest, dich aber erniedrigt fühlst? Wäre das immer noch in Ordnung?

Wir werden aus einem Guss gehen und erklären, dass sich keine dieser Formen des Gewinnens gut anfühlte oder sich als positive Sache anfühlte. Weißt du, was das bedeutet?

Es bedeutet, dass es kein Sieg war.

Das Wichtigste am Gewinnen ist, dass du, wenn du gewinnst, weggehst und dich besser fühlst als vorher, und das wird nicht passieren, wenn du es nicht richtig gemacht hast.

Denken Sie auch daran, dass wir die ganze Zeit darüber gesprochen haben, wie Sie sich fühlen und wie Sie betroffen sind.

Aber am Ende basiert eine effektive Kommunikation nicht auf Ihnen. Es basiert auf beiden Seiten, was bedeutet, dass sich beide Seiten des Gesprächs gut fühlen müssen, wenn sie den Tisch verlassen. Das wird ein wenig Manöver und eine gute Planung erfordern. Beginnen wir mit der Planung - klingt das gut?

Planung für einen gemeinsamen Gewinn

Da wir uns nun auf eine effektive Kommunikation konzentrieren, die nur stattfinden kann, wenn zwei Parteien anwesend sind und mit dem Ergebnis eines Gesprächs zufrieden sind, werden wir einen Weg finden, um gemeinsame Erfolge zu planen.

Aber wie macht man das?

Wo fängt man an?

Im Idealfall fängst du mit den Herausforderungen an. Offensichtlich bist du und die Person, an die du Informationen übermittelst, nicht unbedingt mit allem auf der gleichen Seite. Hier setzt der Konflikt an und in der Folge entsteht die Herausforderung. Deine Aufgabe ist es jetzt, diese Unterschiede zu finden und zu identifizieren, um einen Weg zu finden, sie zu umgehen. Das ist der erste Schritt: Anerkennung.

Sobald du die Unterschiede gefunden und anerkannt hast, musst du weitermachen und etwas finden, worüber du dich beide einig sein kannst, damit du ein wenig positive Verstärkung einbringen kannst, oder einfach nur sagen: "Ja, ich stimme völlig zu", das ist Schritt Zwei: Schaffung einer gemeinsamen Basis.

Wenn du diese beiden Schritte zufriedenstellend abschließen konntest, hast du nun die Voraussetzungen für ein offenes Gespräch geschaffen. Es ist jetzt an der Zeit, dass du respektvoll anfängst, dich in ein detailliertes Gespräch über die verschiedenen Meinungen einzulassen und versuchst, einen für beide Seiten vorteilhaften Weg zu finden, um die Meinungsverschiedenheiten zu überwinden, die du hast. Dies ist eine Kombination aus drei Schritten:

Etablierung von Respekt, ausgewogene Ouvertüren und schließlich die Entwicklung eines gegenseitig vorteilhaften Aktionsplans.

Klingt fast perfekt, nicht wahr? aber halt durch! Bevor wir den Startschuss geben und mit der Arbeit an diesem gewinnenden Masterplan beginnen, müssen wir sicherstellen, dass wir den perfekten Weg haben, ihn zu nutzen. Wir brauchen ein klares Follow-up, das uns hilft, die Folgen zu bewältigen.

Jetzt sind wir bereit!

Und zum letzten Mal, los geht's!

Schritt eins: Anerkennung

Jede Form der Kommunikation braucht eine Basis, und die Basis jeder effektiven Kommunikation muss die Anerkennung und Anerkennung der anstehenden Probleme sein. Es geht um die Unterschiede, die wir alle haben, und um unser Recht, diese sich gegenseitig ausschließenden Meinungen zu haben, und wie sie sich auf unseren Geist, unsere Gedanken und unsere Zukunftspläne auswirken.

Was wir hier erreichen, ist, dass beide Parteien angehört werden müssen.

Das kann schwierig sein, zumal aktives Zuhören nicht etwas ist, woran wir gewöhnt sind. Selbst wenn wir versuchen zu hören, was die andere Partei zu sagen hat, wenn, wenn wir versuchen, uns selbst und unseren Standpunkt zu erklären, die andere Partei nicht gleichermaßen reagiert, kann es sich extrem ärgerlich anfühlen.

Lasst es uns in einen Kontext stellen, oder?

Du bist ein wohlhabender weißer republikanischer Wähler, namens Harold aus dem Norden New Yorks. Du verstehst das Konzept der Rassenunterschiede, glaubst aber nicht, dass politisch motivierte Themen einen Einfluss auf Akademiker haben sollten, da die Vereinigten Staaten ein Land mit freier Grund- und Sekundarschulbildung sind. Du diskutierst über das Thema "Affirmative Action" oder, um es deutlicher auszudrücken, über "Quoten" für schwarze oder Minderheitsstudenten an den Universitäten der IVY League, von denen einer dein Alumnus ist. Euer Sohn, Harold, ist im gleichen Alter wie die Person, mit der ihr sprecht, ein zukünftiger Harvard-Absolvent namens William, der durch eine positive Aktion aufgenommen wurde.

Das Gespräch läuft wie folgt ab.

Harold: Positives Handeln macht für mich keinen Sinn, und ich denke wirklich, dass es verboten werden sollte. Es gab zu meiner Zeit viele schwarze Studenten in Harvard, und es gibt jetzt noch mehr. Das System ist ungerecht und macht keinen Sinn. Die Studenten sollten an die besten Universitäten gehen, basierend auf ihren Noten und Leistungen, nicht wegen ihrer Hautfarbe.

William: Ich stimme zwar zu, dass Verdienste die Grundlage für die Auswahl sein sollten, aber ich habe das Gefühl, dass Sie den Punkt der positiven Maßnahmen vermissen, nämlich dass die Ergebnisse nur dort zählen, wo es eine gleichmäßige Ausgangsbasis gibt. Die meisten schwarzen Kinder werden nicht mit den gleichen Privilegien aufgezogen wie weiße Kinder, und als solche haben sie ohne positive Maßnahmen kaum eine Chance.

Harold: Das ist Unsinn. Bist du sicher, dass es nicht nur darum geht, dass du nicht hart dafür arbeiten willst? Weil es mir so vorkommt.

William: Warum ist es Unsinn, weil es nicht zu deiner Geschichte passt? Es scheint mir, dass du nur rassistisch bist und willst, dass die Weißen all das gute Zeug bekommen.

Okay, was denkst du, was das Problem mit diesem Gespräch war?

Zuerst schienen die ersten beiden Zeilen gut zu sein/ Harold sagte, was er dachte, und dann machte William seinen Standpunkt deutlich. Was ist also schief gelaufen?

Nun, du wirst bemerken, dass Harolds zweite Zeile deutlich zeigt, dass Harold, während William auf seine Bedenken hörte und respektvoll reagierte, nicht daran interessiert war, was er zu sagen hatte, sondern seine Bedenken abräumte und ihn gleichzeitig erniedrigte. Dies zeigte William, dass er nicht nur wenig Rücksicht auf seine Gedanken nahm, sondern auch wenig Rücksicht auf ihn als Person nahm.

Diese Respektlosigkeit, gepaart mit seiner offensichtlichen Unwilligkeit zuzuhören, führte schnell zu Williams eigener Einstellung zur Veränderung der gesamten Situation. Du wirst feststellen, dass in seiner nächsten Antwort, als William merkt, dass seine Meinung nicht respektiert wird, auch er aufhört, respektvoll zu sein und stattdessen konfrontativ wird. Das gesamte Gespräch führt zu keinem produktiven Ergebnis, und niemand gewinnt.

Nun, schauen Sie sich dieses Szenario an, in dem zwei romantische Partner über ein Thema diskutieren, über das sie in Bezug auf ihren Sohn Jiyong uneins sind.

Elternteil 1: Ich denke nicht, dass Jiyong in der Schule bleiben sollte. Er wurde in letzter Zeit oft gemobbt, und ich denke, dass die Heimschule die beste Option für ihn ist.

Elternteil 2: Ich verstehe, aber ich habe eine andere Meinung. Während er gemobbt wurde, wird es immer besser, und er beginnt, dort tatsächlich Freunde zu finden. Denkst du nicht, dass die Heimschule ihn isolieren würde?

Elternteil 1: Glaubst du, er wird isoliert sein? Daran habe ich eigentlich nie gedacht. Ich wollte ihn nur aus der Nähe dieser Tyrannen herausholen, da ich das Gefühl habe, dass es seine Psyche beeinflussen wird, wenn er erwachsen wird. Ich habe ihn auch nicht wirklich mit Freunden gesehen, obwohl er gesagt hat, dass er sie gemacht hat. Denkst du, wir sollten mit ihm darüber reden?

Elternteil 2: Das tue ich. Ich denke immer noch, dass die Bewältigung von Widrigkeiten und das Durchstehen ein besserer Weg ist, um mit dem ganzen Problem umzugehen, aber wenn Sie denken, dass Homeschooling eine bessere Option ist, würde ich es vorziehen, es ihm zu sagen und zu sehen, was er zu sagen hat. Was denkst du denn?

Elternteil 1: Ich stimme zu. Wir sollten mit ihm reden, bevor wir konkrete Entscheidungen treffen. Danke, Babe.

Es ist zu beachten, dass beide Parteien in diesem Gespräch beschlossen haben, die Meinungsverschiedenheiten zu sehen und anzuerkennen. Tatsächlich haben sie sich nicht nur dafür entschieden, ihre Unterschiede zu sehen und anzuerkennen, sondern sie haben es auch zu einem Punkt gemacht, an dem sie die Argumente der gegnerischen Parteien akzeptieren. Es ist eine klare Kommunikation stattgefunden, die genau das ist, was wir angestrebt haben.

Schritt zwei: Schaffung einer gemeinsamen Basis

Das nächste, was du tun musst, ist, einen Weg zu finden, um dich über etwas zu einigen. Dies ist entscheidend, weil es schwierig ist, ein Gespräch zu führen, besonders ein schwieriges Gespräch, wenn man sich über nichts einig ist. Dies ist ein kritischer Teil der Förderung gemeinsamer Interessen und darf nicht ohne sie geschehen. Du wirst feststellen, dass es umso wichtiger ist, dass du eine gemeinsame Basis findest, je schwieriger ein Thema ist oder je widersprüchlicher die Standpunkte sind, denn ohne sie wirst du es schwer haben, dich in irgendetwas zu einigen.

Werfen wir einen Blick auf ein Beispielszenario:

Du und dein bester Freund haben über die Entzündungsreaktion diskutiert, die der Senator von Queensland, Fraser Anning, auf den Terroranschlag eines weißen Australiers auf eine Moschee in Christchurch, Neuseeland, hatte. Ihr Freund Eric glaubt, dass Anning, obwohl er eine grobe Formulierung hatte, einen gültigen Punkt hatte, während Sie glauben, dass Anning nicht die Absicht hatte, die Aussage zu machen, die er als Mensch gemacht hat, geschweige denn als politische Figur.

Das Gespräch ist wie folgt.

Du: Senator Anning ist eine Schande für Australien und die Welt. Ich verstehe nicht, wie eine Persönlichkeit wie er den Massenmord und den Terrorismus, der in Christchurch stattfand, offen fördern konnte. Er verdient es nicht, im Büro zu sein.

Eric: Wie dem auch sei, und ich stimme zu, dass er einen terroristischen Akt nicht öffentlich hätte unterstützen dürfen, er ist in seiner Sichtweise nicht allein. Es gibt viele andere Politiker und Leute im Allgemeinen, die wie er denken.

Du: Was meinst du?

Eric: Einwanderung ist heutzutage ein heißes Thema, und Frasers Anspruch hat einige Vorteile. Es gibt Terroristen, die aus anderen Ländern hierher einwandern und unser eigenes Volk bombardieren. Es ist nicht überraschend, dass einige Extremisten versuchen würden, auf die gleiche Weise zurückzukehren, oder?

Du: Ich denke, ich sehe, wohin du damit willst, und obwohl ich verstehen kann, was du über Vergeltungsmaßnahmen sagst, denke ich, dass du die Tatsache verpasst, dass nicht alle Terrorakte von außen kommen. Das Problem ist nicht die Einwanderung. Es liegt an der mangelnden Integration, weshalb Christchurch passiert ist. Das ganze Konzept von uns gegen sie ist das, was es verursacht.

Eric: Nun ja, ein wenig, aber das Problem wäre nicht wirklich so prominent, wenn die Leute nicht so viel einwandern würden, findest du nicht?

Beachte, dass Sie beide sehr unterschiedliche Ansichten darüber haben, wie gültig die Antwort von

Senator Anning ist, und doch konntest du weiterhin klar und ohne sich gegenseitig zu erniedrigen kommunizieren, weil du dich auf ein oder zwei grundlegende Fragen einigen, wie die Tatsache, dass die Reaktion Anning unter den gegebenen Umständen unangemessen war.

Schritt drei: Respekt etablieren

Ein weiterer wichtiger Teil der Kommunikation ist der Respekt. Du wirst mit Menschen nichts anfangen, wenn du sie ständig erniedrigst oder sie so behandelst, als ob sie keine Rolle spielen. Genau deshalb ist es so wichtig, dafür zu sorgen, dass man andere Menschen respektiert. Nun, das Hauptthema hier ist der Dogmatismus, und wir haben schon einmal über Dogmatismus gesprochen, aber wir haben ihn nicht wirklich in Aktion gesehen.

Dogmatismus ist, wenn jemand beschließt zu glauben, dass er die einzige Person ist, die Recht hat, und wenn er in seiner Idee ohne Rücksicht auf eine andere Person treu bleibt. Das Problem mit dieser Art von Verhalten ist, dass man nicht erwarten kann, dass jemand anderes einen respektiert, wenn man sich selbst nicht respektiert.

Wenn du willst, dass jemand freundlich ist und dir zuhört, während du deinen Standpunkt erklärst, musst du ihm den gleichen Respekt entgegenbringen und dasselbe für ihn tun. Denkt daran, tut mit anderen so, wie ihr wollt, dass sie mit euch machen. Eine gute Möglichkeit, sicherzustellen, dass du respektvoll bist, ist es, negative Wörter aus deinem Vokabular herauszuschneiden. Anstatt Dinge wie "Ich glaube nicht, dass das passieren wird" oder "Nein, das will ich nicht" zu sagen, probiere, die Sätze positiver zu formulieren, wie "Wow, das klingt wirklich toll, aber ich denke, es könnte ein wenig schwierig sein, das höhere Management dazu zu bringen, zuzustimmen", oder "Ehrlich gesagt, obwohl ich sehen kann, woher du kommst, bin ich mir nicht sicher, wie ich mir dieses Projekt vorgestellt habe". Denke daran, unabhängig davon, was die Leute sagen, dass Rohling ehrlich gesagt nicht cool oder effektiver ist, es macht dich nicht intelligenter oder ein besserer Kommunikator. Es macht dich nur zu einem Tyrannen.

Ist Ehrlichkeit wichtig? Ja! Natürlich ist es das.

Aber so ist es auch mit Respekt und wenn Ihr Ansatz zur Ehrlichkeit Ihre Achtung vor einer anderen Partei überschattet oder zerstört, muss man wirklich einen anderen Weg finden.

Sheryl Sandberg, COO von Facebook, formulierte es so: "Kommunikation funktioniert am besten, wenn wir Angemessenheit mit Authentizität verbinden und den Sweet Spot finden, an dem Meinungen nicht brutal ehrlich, sondern zart ehrlich sind".

Schritt vier: Ausgleich von Ouvertüren

Ausgewogene Ouvertüren beziehen sich auf ein Gefühl der Gerechtigkeit, das für jede Form der Kommunikation entscheidend ist, aber vor allem auf die Geschäftskommunikation, wo man eine effektive Entscheidung treffen möchte. Stell es dir so vor. Wenn du ein Gespräch mit jemandem führst, und er dich ständig drängt, eine Entscheidung zu treffen. Selbst wenn es die richtige Entscheidung ist, wirst du dich nicht von diesem Gespräch abwenden, das sich erfüllt fühlt, viel weniger, als ob du irgendwann wieder ein Gespräch mit ihnen führen willst.

Gleichzeitig, wenn du derjenige bist, der jemanden drängt und ihm eine Meinung aufzwingt, kannst du nicht erwarten, dass er sich fühlt, als würde er ein gutes Geschäft machen. Das Einzige, woran sie denken werden, ist, wann sie da rauskommen können.

Denke darüber nach im Zusammenhang mit einer sexuellen Beziehung zwischen einem Mann und einer Frau. Der Mann, Jordan, ist nicht bereit, Geschlechtsverkehr zu haben, da er der Meinung ist, dass Sex nur zwischen Ehepaaren geteilt werden soll. Seine Freundin Ivanka lacht über diese Behauptungen und besteht darauf, in ihrer Beziehung Sex zu haben, da sie es für normal hält. Ihr Gespräch ist wie folgt:

Jordan: Ich glaube nicht, dass ich dafür bereit bin. Tatsächlich bin ich mir nicht sicher, ob ich das überhaupt tun will, bevor ich verheiratet bin.

Ivanka: (lacht) Sei nicht albern, Jordan, es ist ja nicht so, als ob es Männern beim ersten Mal wehtut. Außerdem nehme ich meine Pille.

Jordan: Ich fühle mich mit der Idee aber wirklich nicht wohl. Ich würde mich danach schuldig fühlen.

Ivanka: Du weißt, dass du mir im Grunde genommen sagst, dass du mich nicht willst. Fühlst du wirklich nichts für mich? Komm schon; du weißt, dass du das tust. Es wird sich auch so gut anfühlen.

Jordan: Ich würde mich später schlecht fühlen, und es geht nicht um dich.

Ivanka: Wenn du nicht zustimmst, denke ich, dass wir uns trennen müssen. Du willst doch nicht Schluss machen, oder?

In diesem Szenario weicht Ivanka bewusst allen Einwänden Jordans aus und drängt immer wieder, was sie will, als ob das Einzige, was zählt, ihre Zustimmung ist. Infolgedessen, selbst wenn Jordan zustimmt, Sex zu haben, tut er das nur, weil er dazu gemobbt wird, und das führt Jordanien dazu, sich als Person entwertet und objektiviert zu fühlen. Auf lange Sicht wird die ständige Tendenz, die Zustimmung Jordaniens zu überwältigen, zu einer einseitigen Kommunikation zwischen den beiden führen, die für jede Beziehung fatal ist.

Deshalb muss es bei jeder Form der Kommunikation ein Element des Gleichgewichts zwischen beiden Parteien geben. Ein Deal, bei dem nur eine Partei gewinnt, ist nie ein gutes Geschäft, weil er die Tür für die zukünftige Kommunikation aus dieser bestimmten Quelle effektiv schließt und zu einer Sackgasse führt, wenn ein neues Problem auftritt.

Lange Geschichte kurz gesagt, konzentriert sich nicht nur auf das unmittelbare Ergebnis. Kurzfristige

Gewinne bedeuten nichts, wenn du die Beziehung völlig ruinierst. Ihre kurzfristigen Gewinne müssen sich zu einem größeren Gewinn aufbauen, der nicht abbricht und verstreut ist.

Schritt fünf: Entwicklung eines gegenseitig vorteilhaften Plans

Der beste Weg, effektiv zu kommunizieren, ist, dies auf eine Weise zu tun, bei der es Vorteile und Kompromisse auf beiden Seiten gibt. Eine gute Möglichkeit, dies in Ihrem Gegner zu fördern, besteht darin, zuerst eine klare Liste der Dinge zu erstellen, über die Sie bereit sind zu verhandeln, und eine weitere Liste der Dinge, die Sie absolut benötigen. Lassen Sie Ihr Publikum oder die Gegenpartei das Gleiche tun, dann führen Sie eine klare Diskussion auf der Grundlage der gegebenen Punkte.

Beginne mit einem der Dinge, über die du verhandeln kannst, und als eine Geste des guten Willens, gib nach. Das bedeutet nicht, dass du immer nachgeben solltest, um den Frieden zu erhalten, oder dass du jemals bei einem Thema nachgeben solltest, für das du dich stark interessierst. Alle Zugeständnisse, die du machst, sollten von deiner Liste der verhandelbaren Punkte stammen und sollen lediglich eine symbolische Geste sein, um deinem Gegner zu zeigen, dass du bereit bist, die zusätzliche Meile zu gehen, und dass auch sie in der Lage sein müssen, sich zu verstärken. Dies gibt deinem Gegner nicht nur einen positiven Eindruck von dir und deinen Motiven, sondern erhöht auch die Wahrscheinlichkeit, dass er versucht, dich nachzuahmen und bei Verhandlungen rücksichtsvoll zu sein.

Betrachten wir dies im Rahmen eines Geschäftsabschlusses, bei dem Partei A drei Wohnungen von Partei B kaufen will. Die Kommunikation läuft wie folgt ab:

Party A: Obwohl wir alle drei Wohnungen wirklich lieben, halten wir sechs Millionen nicht für eine angemessene Bewertung für alle drei, und fühlen uns mit diesem Preis insbesondere für Wohnung 2 nicht wohl, da er fast halb so groß ist wie Wohnung 3.

Partei B: Danke! Wir sind froh, dass sie dir gefallen. Bist du mit den Bewertungen der anderen zufrieden?

Party A: Nun, ja, und nein. Appartement 1 hat eine schöne Aussicht und ist die zwei Millionen Euro wert, aber Appartement 3 ist viel geräumiger, hat nicht wirklich eine tolle Aussicht und kann aufgrund der

Gebäudefesseln auch nicht verändert werden, also sind wir der Meinung, dass man auch einen niedrigeren Preis haben sollte.

Partei B: Hmm, das ist bedauerlich. Mit Appartement 2 unterhalten wir eigentlich höhere Angebote, sind aber bereit, auf 1,8 Millionen Dollar zu sinken, wenn du alle drei nimmst. Mit Appartement 3 können wir jedoch nichts in Bezug auf die Preise tun, da die Kosten zu hoch sind. Wir können jedoch für Sie mit den Behörden sprechen und prüfen, ob wir Ihnen eine Sanierungsgenehmigung erteilen können. Die Renovierung müsste jedoch auf eigene Kosten erfolgen.

Party A: Du kannst also nichts gegen Wohnung 3 unternehmen?

Partei B: Nein, leider nicht.

Party A: Nun, um ehrlich zu sein, der ermäßigte Preis für Wohnung 2 gleicht das Problem ein wenig aus, und die Renovierung wäre die Krönung. Also, wenn die Erlaubnis funktioniert, ist es ein Ja von uns.

Partei B: Perfekt! Wie wäre es, wenn wir uns bei Ihnen melden, sobald wir von den Planungsbehörden hören?

Party A: Wir werden uns darauf freuen.

Im vorliegenden Beispiel entscheiden sich beide Parteien dafür, die Zugeständnisse der anderen Parteien anzuerkennen und zu akzeptieren, ohne in irgendeiner Weise zu drängen oder zu übertreiben. Das heißt, ohne Drohungen oder Manipulationen zu nutzen, um einen für beide Seiten vorteilhaften Plan zu finden.

Dies ist das perfekte Beispiel dafür, wie ein für beide Seiten vorteilhafter Plan eine großartige Möglichkeit ist, um sicherzustellen, dass Ihre Kommunikation effektiv und produktiv ist, wobei sich beide Parteien fühlen, als hätten sie etwas erreicht. Am besten ist es, wenn gemeinsame Themen richtig ausgehandelt werden, auch wenn man nicht zu einer gemeinsamen Entscheidung kommen kann, man fühlt sich immer noch nicht erschöpft oder unglücklich, was die Tür für mögliche zukünftige Interaktionen offen lässt. Was genau so ist, wie du es dir wünschst.

Kein Deal ist besser als ein Zwangsdeal, denn sobald man etwas erzwingt, ruiniert man einen Kommunikationskanal für immer, und das wollen wir nicht, oder?

Schritt sechs: Nachverfolgung

Und das bringt uns zum letzten Schritt auf diesem Weg.

Nachverfolgung.

Einen guten effektiven Plan zu haben, den du entwickelt hast, nachdem du ein großartiges, ehrliches und respektvolles Gespräch mit deinem Gegner geführt hast, ist eine perfekte Möglichkeit, deine neu gewonnenen Kommunikationsfähigkeiten umzusetzen. Allerdings ist keine dieser Fähigkeiten etwas wert, wenn man ihnen nicht mit einem strengen Aktionsplan folgt.

Sei klar und prägnant, ja, aber sei auch effektiv!

Fazit

"Um effektiv zu kommunizieren, müssen wir erkennen, dass wir alle unterschiedlich sind in der Art und Weise, wie wir die Welt wahrnehmen, und dieses Verständnis als Leitfaden für unsere Kommunikation mit anderen nutzen." -Tony Robbins

Und das bringt uns zum Ende, es war eine ziemlich lange Reise, nicht wahr?

Zunächst einmal nehmen wir uns einen Moment Zeit, um Ihnen für den Kauf einer effektiven Kommunikation zu danken: 5 Grundlegende Tipps und Übungen zur Verbesserung der Kommunikation in der gespaltenen Welt, auch wenn es um Politik, Rasse oder Geschlecht geht! Wir hoffen aufrichtig, dass das Buch dir geholfen hat, effektiv und systematisch ein besseres Verständnis der besten Methoden und Techniken zu entwickeln, um einen effektiven Kommunikationsstil zu entwickeln.

Da die Welt heute mehr geteilt ist als je zuvor, sind die unmittelbaren Auswirkungen auf unser persönliches und berufliches Leben eine wichtige Stressquelle für fast alle von uns. Während die meisten Einzelpersonen stolpern oder sich schwer tun, zu verstehen, wie man damit umgeht, haben Sie gerade Ihren Mut bewiesen, indem Sie den ersten Schritt getan haben, um sich diesem Problem direkt zu stellen.

Aber wie wir bereits gesagt haben, ist dieses Buch nur ein Leitfaden. In der Tat, warum betrachtest du es nicht als eine Roadmap?

Als Kommunikator musst du herausfinden, was für dich am besten funktioniert und welche Interessen du vertrittst. Benutze die Techniken, die dir angeboten wurden, aber fühle dich nicht gezwungen, von ihnen beherrscht zu werden. Denke daran, du selbst zu sein ist das Wichtigste!

Deshalb möchten wir dich in diesem letzten Punkt daran erinnern, dass es uns sehr wichtig ist, dass du weißt, dass dein Vertrauen in uns, dass wir dir eine qualitativ hochwertige Lektüre liefern, etwas ist, das wir schätzen! Wir sind dankbar für deine Unterstützung und können nur hoffen, dass du das Gefühl hast, dass wir unser Versprechen gehalten haben. Wenn ja, dann schreib bitte eine Rezension! Wir würden uns freuen, von dir zu hören!

Quellenverzeichnis

3 Golden Rules For Honest Communication. (2015). Abgerufen April 6, 2019, from Mind Movies Blog website: https://www.mindmovies.com/blogroll/3-golden-rules-for-honest-communication

5 Tips for Building Effective Delivery Skills - Business Communications. (2011, March 31). Abgerufen April 6, 2019, from Business Communications website: https://managementhelp.org/blogs/communications/2011/03/09/5-tips-for-building-effective-delivery-skills/

Ahmed, S. (2016a). An Evaluation of Effective Communication Skills Coursebook. *Advances in Language and Literary Studies*, *7*(3), 57–70. Abgerufen von http://www.journals.aiac.org.au/index.php/alls/article/view/2264/1985

Ahmed, S. (2016b). An Evaluation of Effective Communication Skills Coursebook. *Advances in Language and Literary Studies*, *7*(3), 57–70. Abgerufen von https://doaj.org/article/d0af18481f134a149a9eee2efcb90faa

Amy Rees Anderson. (2015, May 15). Good Employees Make Mistakes. Great Leaders Allow Them To. *Forbes*. Abgerufen von https://www.forbes.com/sites/amyanderson/2013/0 4/17/good-employees-make-mistakes-great-leaders-allow-them-to/#44b74b0a126a

Baker, J. (2018, April 23). PeopleResults. Abgerufen April 6, 2019, from PeopleResults website: https://www.people-results.com/call-empathy-key-effective-communication-relationships/

Be Honest: Are You Communicating Effectively? |. (2017, September 12). Abgerufen April 6, 2019, from Beyondphilosophy.com website: https://beyondphilosophy.com/honest-communicating-effectively/

Beyond dogmatism: 6 ways to move towards understanding. (2017, December 19). Abgerufen April 6, 2019, from AgileUprising website: http://agileuprising.com/2017/12/19/beyond-dogmatism-6-ways-to-move-towards-understanding/

Building Trust Through Honesty and Open Communication. (2012, July 30). Abgerufen April 6, 2019, from Makarios Consulting website: http://makariosconsulting.com/building-trust-through-honesty-and-open-communication/

Chapter 13 COMMUNICATION INTRODUCTION. (n.d.). Abgerufen von https://www.faa.gov/about/initiatives/maintenance_hf/library/documents/media/human_factors_maintenance/human_factors_guide_for_aviation_maintenance_-_chapter_13.communication.pdf

comfreaksolution.com. (2019a). The Winning Tools for Effective Communication - Focus Learning Consulting Sdn Bhd. Abgerufen April 6, 2019, from Focus Learning Consulting Sdn Bhd website: http://www.focuslearning.com.my/services/training/wtfc/

comfreaksolution.com. (2019b). The Winning Tools for Effective Communication - Focus Learning Consulting Sdn Bhd. Abgerufen von Focus Learning Consulting Sdn Bhd website: http://www.focuslearning.com.my/services/training/wtfc/

Communicating With Integrity Helps Organizations Endure Change. (2017, October 26). Abgerufen April 6, 2019, from PRSA website: http://apps.prsa.org/Intelligence/TheStrategist/Articles/view/12077/1149/Communicating_With_Integrity_Helps_Organizations_E#.XKjxABMzaRs

Communication: Let's Be Honest. (2015, June 9).

Abgerufen April 6, 2019, from Makarios Consulting website: http://makariosconsulting.com/communication-lets-honest/

Crews, N. E. (1979). Developing empathy for effective communication. *AORN Journal, 30*(3), 536–548. https://doi.org/10.1016/s0001-2092(07)62963-9

Edinger, S. (2013, March 21). If You Want to Communicate Better, Read This. *Forbes.* Abgerufen von https://www.forbes.com/sites/scottedinger/2013/03/20/if-you-want-to-communicate-better-read-this/#b9602722dd1a

Effects of Negative Communication in the Workplace. (2019). Abgerufen April 6, 2019, from Chron.com website: https://smallbusiness.chron.com/effects-negative-communication-workplace-11524.html

Emotional Intelligence (EQ) | The Premier Provider - Tests, Training, Certification, and Coaching.   - TalentSmart. (2018). Abgerufen April 6, 2019, from TalentSmart   website: http://www.talentsmart.com/articles/How-Complaining-Rewires-Your-Brain-for-Negativity-2147446676-p-1.html

Fisher, E. (2018, April 13). Integrity in Communication: Prove it with Action - AdLibbing.org. Abgerufen April 6, 2019, from AdLibbing.org website: https://www.adlibbing.org/2018/04/13/integrity-in-communication-prove-it-with-action/

Honest Communication. (2019). Abgerufen April 6, 2019, from Learningtogive.org website: https://www.learningtogive.org/units/character-education-honesty-grade-8/honest-communication

Honesty Is the Best Policy: Effective communication is essential for achieving a good death. (2008, December 30). Abgerufen von MD Magazine website: https://www.mdmag.com/journals/oncng-oncologynursing/2008/oncnurse_december_2008/honesty_best_policy

How to Love People: The Heart of Effective Communication. (2015a, March 28). AbgerufenApril 6, 2019, from TowerOfPower.com.au website: https://www.towerofpower.com.au/the-heart-of-effective-communication-how-to-love-people

How to Love People: The Heart of Effective Communication. (2015b, March 28). Abgerufen von TowerOfPower.com.au website: https://www.towerofpower.com.au/the-heart-of-effective-communication-how-to-love-people

https://www.facebook.com/communicationtraining. (2018a, June 8). Silent Treatment: How to handle it-- Effective Communication Skills Training. Abgerufen April 6, 2019, from Dan OConnor Training website: https://www.danoconnortraining.com/silent-treatment-handling/

https://www.facebook.com/communicationtraining. (2018b, June 8). Silent Treatment: How to handle it-- Effective Communication Skills Training. Abgerufen von Dan OConnor Training website: https://www.danoconnortraining.com/silent-treatment-handling/

https://www.facebook.com/OrnaAndMatthew. (2014, January 29). The Thin Line Between Brutal Honesty And Authentic Communication. Abgerufen April 6, 2019, from YourTango website: https://www.yourtango.com/experts/orna-and-matthew-walters/honesty-really-best-policy

KELLERMANN, K. (1989). The Negativity Effect in Interaction It's All in Your Point of View. *Human Communication Research*, *16*(2), 147–183. https://doi.org/10.1111/j.1468-2958.1989.tb00208.x

Melissa. (2013, January 11). How Negative Language Hinders Your Communication – Effective Communication | Expert Advice. Abgerufen April 6,

2019, from Effectivecommunicationadvice.com website: http://effectivecommunicationadvice.com/negative-language

PowerofPositivity. (2017, June 12). Psychologists Explain How To Stop Gossip Immediately. Abgerufen April 6, 2019, from Power of Positivity: Positive Thinking & Attitude website: https://www.powerofpositivity.com/psychologists-reveal-the-one-phrase-to-stop-gossiping-immediately-still-in-progress/

Rodger Dean Duncan. (2014, November 8). Excuses, Excuses: Leadership That Avoids The Blame Game. *Forbes*. Abgerufen von https://www.forbes.com/sites/rodgerdeanduncan/2014/11/08/excuses-excuses-leadership-that-avoids-the-blame-game/#4b27bbe63c2a

Roy, A. (2018, June 12). Avelo Roy. Abgerufen April 6, 2019, from Avelo Roy website: https://aveloroy.com/2015/04/18/effectively-communicate-win-over-irrational-people/

Stillman, J. (2016, February 29). Complaining Is Terrible for You, According to Science. Abgerufen April 6, 2019, from Inc.com website: https://www.inc.com/jessica-stillman/complaining-rewires-your-brain-for-negativity-science-says.html

Three Simple Statements That Cure Dogmatism and Open Minds. (2015). Abgerufen April 6, 2019, from Psychology Today website: https://www.psychologytoday.com/us/blog/brainsnacks/201512/three-simple-statements-cure-dogmatism-and-open-minds

to. (2018). 7 C's of Effective communication. Abgerufen von https://www.youtube.com/watch?v=7JZ1v-VwTXg

What is Integrity-Based Communications (IBC)? (2014). Abgerufen April 6, 2019, from Linkedin.com website: https://www.linkedin.com/pulse/20141117232256-5989008-what-is-integrity-based-communications-ibc/

White, K. (2006). *Effective Communication Independent Study*. Abgerufen von https://training.fema.gov/emiweb/downloads/is242.pdf

(2019). Abgerufen April 6, 2019, from Lifehacker.com website: https://lifehacker.com/use-the-hail-method-to-be-more-persuasive-and-trustwort-1599169164